24235—21—A

pour ma dot
MAILLY
LA CAISSE D'ÉPARGNE
EST LA
BANQUE DES ENFANTS

QUI VEUT RÉCOLTER...
DOIT SEMER
CAISSE D'ÉPARGNE

Anglars 67
GRAND'MÈRE TU N'ES PAS DANS LE VENT, MAINTENANT IL Y A L'ÉPARGNE-LOGEMENT !
MA PETITE FILLE TU NE PEUX TE MARIER, TU N'AS PAS DE QUOI TE LOGER !
L'EPARGNE LOGEMENT c'est par excellence l'affaire des
CAISSES D'EPARGNE ET DE PREVOYANCE

SOMMAIRE

LES MÉTAMORPHOSES DE L'ÉPARGNE

Laure de Llamby

DÉCOUVERTES GALLIMARD
CULTURE ET SOCIÉTÉ

Dans la chrétienté, l'idée d'épargner pour les besoins futurs n'a pas droit de cité. Précaution légitime certes mais qui, sauf à se borner à l'horizon d'une année, se voit vite assimilée au péché de l'avarice. Guidé par les Évangiles, l'homme remet sa destinée terrestre aux mains de la providence divine. Il faut attendre le XVIIIe siècle pour que le concept d'épargne trouve ses lettres de noblesse rationnelles.

CHAPITRE 1

LES LUMIÈRES AU CŒUR DE L'ÉPARGNE

Allégorie saisonnière et cosmique de l'homme enchaîné à sa destinée, la roue de la Fortune (à gauche) incarne les caprices d'une divinité qui alternativement élève les uns et abaisse les autres selon son bon vouloir. Au XIXe siècle, l'épargne permettra à l'individu de s'émanciper des aléas de la fortune.

Providence se fait Prévoyance

L'homme moderne naît au siècle des Lumières. Savants et philosophes invitent à une nouvelle perception du monde et de ses acteurs détachée de toute détermination religieuse, désacralisent le temps et célèbrent la toute-puissance de la raison. L'histoire collective ne dépend plus d'un arbitraire divin, hier seul juge des destinées terrestres entachées de la faute originelle; sous les auspices indivis de la raison et de la science, elle devient la marche de l'humanité vers le bonheur universel. Au cœur de cet univers revisité par les Lumières, Providence devient Prévoyance. L'individu est appelé à prendre désormais les rênes de son destin, assumer sa liberté, conquérir le bien-être ici-bas. Le travail constitue la clef du bonheur et de la dignité auquel chacun, responsable personnellement de sa condition matérielle, est en droit d'aspirer.

« Il revient; et dans quel moment? Au moment où son père vient d'expirer [...]. C'était la demeure de l'indigence. C'est celle de la douleur et de la misère... » c'est ainsi que Diderot décrit *Le Retour du fils prodigue* de Greuze (ci-dessous) dans ses *Salons*. Sous l'Ancien Régime, le soin d'assumer la subsistance des aînés revient aux générations valides au détriment de leurs propres aspirations. Tout manquement au devoir filial d'assistance peut, comme l'illustre cette scène, provoquer dénuement et malheur.

La prévoyance, concept neuf qui légitime la conservation des bénéfices du labeur et leur fructification, revêt une acception révolutionnaire. L'épargne, traditionnellement investie négativement, devient alors une vertu nécessaire à l'amélioration des conditions individuelles et collectives. L'outil mathématique vient parallèlement au secours de la raison pour offrir à ces idées les moyens de leur concrétisation.

Les avancées du calcul actuariel, l'élaboration de tables de mortalité désormais fiables, et l'amélioration des calculs de probabilités fournissent aux penseurs de nouveaux outils de réflexion pratique. Les mathématiques sociales se développent sous l'impulsion de Condorcet. Les calculs des probabilités sont appliqués pour la couverture des risques sociaux.

Aux yeux des penseurs de cette fin du XVIIIe siècle, l'éducation apparaît comme le moyen de rendre les hommes meilleurs, de les « éclairer » sur le chemin du Progrès. Pour ce faire, une discipline nouvelle vient remplacer l'ancienne charité chrétienne : la « morale sociale ». Aucun ordre, aucune politique ne sont désormais envisageables sans que l'État s'occupe d'enseigner et d'organiser la morale. Les encyclopédistes les premiers viennent substituer à la religion une morale d'État. Ils dressent les plans d'une politique fondée sur l'organisation des mœurs et l'enseignement des vertus nécessaires à la prospérité publique. Ce que l'abbé de Saint-Pierre, académicien qui invente le vocable, appelle désormais la bienfaisance conjugue ainsi le bonheur particulier et le bonheur collectif sous la tutelle d'un enseignement éclairé des vertus. « Certain législateur, écrit Voltaire, vient de créer un mot qui manque à Vaugelas ; ce mot est bienfaisance ; il me plaît... » Le concept louangé par Voltaire est mis à l'honneur dans des essais, des mémoires, des romans et sur la scène théâtrale. Partout l'on

Sur le terrain, les innombrables œuvres charitables, marquées fréquemment au sceau du christianisme, comme les hôtels-Dieu, témoignent de l'importance des initiatives privées qui pallient les manques de l'État ou s'ajoutent à ses efforts. La figure de la « dame de charité » (ci-dessus) court tout au long du siècle, personnalité féminine de l'assistance portée par les notables à leurs pauvres.

discute des remèdes à apporter à la mendicité, l'on prêche l'extinction du paupérisme, l'on conçoit des instruments de lutte contre la pauvreté.

Premiers projets

De multiples projets naissent dans les années prérévolutionnaires, en France où des modèles de « caisses des épargnes » ou de prévoyance sont proposés, comme chez ses voisins européens où les premières réalisations voient le jour en Allemagne. « Bréviaire » des temps modernes, l'*Encyclopédie* de Diderot et d'Alembert consacre dès 1755 un article à l'épargne. Le concept y est défini comme une

> Je prêche donc hautement l'*épargne* publique & particuliere ; mais c'eſt une *épargne* ſage & deſintéreſſée, qui donne du courage contre la peine, de la fermeté contre le plaiſir, & qui eſt enfin la meilleure reſſource de la bienfaiſance & de la généroſité ;

vertu civique, un remède à l'indigence, « la meilleure ressource de la bienfaisance et de la générosité ». L'auteur de la notice, Joachim Faiguet de Villeneuve, dans un opuscule paru en 1763 intitulé *L'Œconome politique, projet pour enrichir et pour perfectionner l'espèce humaine*, présente une des premières organisations raisonnées de la collecte de l'épargne. Apparenté à une caisse de retraite, le modèle qu'il dresse propose déjà d'orienter les fonds réunis vers des projets d'intérêt général : « la jonction des rivières, le dessèchement des marais, l'exploitation des landes, la plantation des chemins […] ».

L'ŒCON
POLITI
PROJ
Pour enrichir et pou
l'Espéce Hum

À la veille de la Révolution, en 1785, le Lyonnais Charles Joseph Mathon de la Cour modélise lui aussi, dans un ouvrage intitulé *Le Testament de Fortuné Ricard*, le placement des économies populaires. Ce philanthrope, nourri aux cercles

Publiée à partir de 1751, l'*Encyclopédie*, à laquelle collaborent les plus grands noms, Rousseau, Voltaire, Montesquieu, Turgot, a pour ambition de montrer que l'homme peut maîtriser le monde. Diderot et d'Alembert exhortent leurs lecteurs à penser par eux-mêmes, à chercher la vérité non plus dans la doctrine chrétienne mais dans la science et l'histoire. Ci-dessus, un extrait de l'article « épargne », signé par Faiguet de Villeneuve.

OME

QUE.

ET

r perfectioner

aine.

de réflexion de Condorcet et Turgot, souligne également les liens qui, pour ces penseurs du XVIIIe siècle, unissent épargne individuelle et financement d'actions d'intérêt général. L'épargne accumulée, grâce à la magie des intérêts composés, pourrait ainsi, selon la fable utopiste qu'il conte, servir à l'extinction du paupérisme, à la construction de villes modernes, à l'édification d'une société nouvelle… Les multiples ébauches d'institutions d'épargne ou de prévoyance qui sont formées au cours de la période révolutionnaire associent de manière récurrente bien-être individuel et bonheur collectif. La voie de la démocratisation financière serait en mesure d'assurer l'amélioration du sort des populations laborieuses; les fonds recueillis, levier nécessaire au progrès économique général,

Dans l'*Émile* (1762), Jean-Jacques Rousseau propose la description raisonnée de l'éducation de l'homme vertueux, obéissant à l'ordre de la nature, autonome, simple, aux passions maîtrisées, en rupture avec l'activité incessante et la quête des biens extérieurs qui animent la société corrompue. Une tempérance inhérente au concept d'épargne tel qu'il est reconsidéré par les penseurs des Lumières (ci-dessus, inspiré par Rousseau, *La Leçon de labourage*, par F. A.Vincent).

autoriseraient la mise en œuvre d'actions profitables au plus grand nombre. On trouve ainsi posés les principaux axes du discours libéral du XIXe siècle sur l'enseignement des vertus de l'épargne, instrument à la fois d'indépendance (autonomie contre aumône) et d'utilité sociale.

La Révolution et les tumultes de l'Empire empêchent en France toute concrétisation pérenne de ces projets généreux. Certes, Mirabeau, en 1791, exhorte devant l'Assemblée nationale à la création d'une « caisse des épargnes » : « un pareil établissement rappellerait sans cesse à la classe indigente de la société les ressources de l'économie, lui en ferait connaître les bienfaits et en quelque sorte les miracles. J'appellerais volontiers l'économie la seconde providence du genre humain ». À son tour, la Convention a annoncé en 1797 la constitution d'une « caisse nationale de prévoyance ». Las ! Aucune réalisation n'est venue rendre tangible leurs vœux. C'est en fait à Hambourg, en 1778, qu'a été instaurée la première institution collectrice, sous forme d'une société philanthropique recueillant les économies des ouvriers de la ville. L'exemple essaime en Allemagne, à Kiel, à Altona, puis à Goettingue, et s'étend à la Suisse. Mais c'est au modèle anglo-saxon que se réfèrent les fondateurs de la première Caisse d'Épargne française. Le mouvement trouve en effet une nouvelle vigueur en

Grande-Bretagne, après les créations pionnières de Tottenham (1804), puis de Ruthwell (1810).

L'épargne des philanthropes

La première institution française, la Caisse d'Épargne et de Prévoyance de Paris, naît en 1818. À l'initiative de sa création, deux figures majeures, nourries à l'aune de la philanthropie : Benjamin Delessert et le duc François de La Rochefoucauld-Liancourt. L'un et l'autre ont hérité de la pensée des Lumières, sont affiliés aux mêmes cercles de réflexion. Proches de longue date, ils sont membres l'un et l'autre de la Société royale d'agriculture, pionnière en matière de prévoyance, de la Société philanthropique et du Conseil des hospices. Déjà fondateurs du Comité des soupes populaires et du Comité contre la vaccine, ils ont déjà tous deux une longue « carrière » de philanthropes. Pour ces deux hommes, comme avant eux Franklin, Mirabeau ou Condorcet, l'épargne et l'éducation sont des éléments essentiels de la promotion de la prévoyance, maître mot de toutes les actions philanthropiques qu'ils encouragent ou engagent.

Placée sous le signe de cette prévoyance, que l'on retrouve dans la dénomination même de l'établissement, la « caisse d'épargne » est donc bien conçue à l'origine comme une création philanthropique, frappée du sceau de l'intérêt général, au même titre que d'autres institutions de prévoyance, aussi divers soient leurs champs d'activité (santé, éducation, famille, logement, etc.). Comme le précise le préambule de l'ordonnance royale de création de la Caisse d'Épargne de Paris du 29 juillet 1818, on doit sa naissance à « quelques personnes animées par une intention bienfaisante ». En 1859, le président de la même Caisse parisienne compare ainsi la naissance de l'institution à un rêve philanthropique, aujourd'hui devenu « réalité, une réalité qui a laissé bien loin derrière elle toutes les espérances, les prévisions les plus audacieuses ».

C'est Mirabeau (à gauche) qui lance l'idée de création de « caisse des épargnes » à l'Assemblée nationale en 1791. L'idée sera reprise et concrétisée par Benjamin Delessert et François de La Rochefoucauld-Liancourt (ci-dessous). Tous deux ont séjourné en Angleterre où ils se sont intéressés aux idées novatrices, notamment aux doctrines économiques libérales d'Adam Smith, que le premier a effectivement rencontré.

Il n'est sans doute pas anodin que par la suite, gagnant en puissance financière, les Caisses d'Épargne, fidèles à leur parentèle, aient soutenu, au travers de dons prélevés sur leur fortune personnelle, des organismes de bienfaisance issus des mêmes ferments philanthropiques et des mêmes cercles de fondateurs.

Œuvre philanthropique, la toute jeune Caisse l'est aussi par la nature de sa fondation et de son organisation. La souscription/dotation et le bénévolat de ses administrateurs, sur lesquels repose son fonctionnement originel, sont des principes communs aux autres sociétés de bienfaisance. En 1835, le législateur consacre cette filiation : les Caisses d'Épargne deviennent alors des établissements privés d'utilité publique, autorisés à recevoir des dons et legs.

Quand Louis XVIII signe l'ordonnance royale portant création de la Caisse d'Épargne de Paris en 1818 (à droite), il avait déjà rétabli la confiance des citoyens malmenée par l'éphémère retour au pouvoir de Napoléon pendant les Cent-Jours En proclamant la Charte de 1815 qui instaurait la monarchie constitutionnelle, il avait acclimaté en France la pratique du parlementarisme et du pluralisme politique, et reconnu les principaux acquis de la Révolution. La paix retrouvée, le crédit de la Nation assaini, l'ancien régime économique recule lentement devant l'économie nouvelle, symbolisée par la dynamique industrielle, le développement des filatures mécaniques ou des chemins de fer…

Un instrument de prévoyance universelle

Œuvre philanthropique, la Caisse d'Épargne l'est surtout par la finalité que lui assignent ses créateurs. Elle a bien pour ambition, face aux risques de déracinement et de paupérisme, cause de souffrances et risque majeur d'instabilité sociale, de changer l'homme, et par-delà la société tout entière. Transformer l'homme en lui offrant l'outil de son autonomie et le mode d'emploi de cet outil. Transformer la société en œuvrant à l'intégration du plus grand nombre dans l'ordre social libéral de ce début de XIXe siècle, au bénéfice du bien public. Les fondateurs renvoient ainsi dos à dos la démarche de la charité, issue de l'Ancien Régime, et celle de l'intervention de l'État dans la sphère privée. La voie médiane qu'ils adoptent vise bien à changer les comportements individuels par le bon usage de l'argent, par la moralisation, la rationalisation et l'éducation des plus humbles.

Il s'agit, en premier lieu, de lutter contre les fléaux des « classes populaires » : le jeu d'une part, le cabaret et l'alcoolisme d'autre part. L'éloquence des zélateurs des Caisses, Benjamin Delessert

3117. Enreg. le 21. août 1818. 1147 29. Juillet 1818.

Ordonnance du Roi.

§ 3e Div. ampl. pour le Préfet
§ 2 ampl. pour la Société
§ Bin des lois ampl.
§ Moniteur copie

Louis, par la grâce de Dieu, Roi de France et de Navarre;

A tous ceux qui ces présentes verront, Salut.

Sur le Rapport de Notre Ministre Secrétaire d'État au Département de l'Intérieur.

Quelques personnes animées par une intention bienfaisante, nous ayant demandé d'être autorisées à ouvrir une Caisse d'Épargne et de prévoyance qui sera exclusivement consacrée à recevoir les Économies journalières que les particuliers voudront y verser et qui seront placées immédiatement dans les fonds publics, dont les produits seront ménagés de manière à procurer, par une accumulation d'intérêts composés de mois en mois, l'accroissement du Capital au profit de chaque propriétaire jusqu'à ce que sa créance se trouve convertie en une inscription en sa faveur, de cinquante francs de rentes perpétuelles sur le grand livre de la dette publique;

Les Souscripteurs présentant pour la première garantie des dépositaires une mise de fonds de mille francs de rentes perpétuelles dont ils font gratuitement l'abandon au profit de l'Établissement et ayant invité les personnes bienfaisantes à suivre leur exemple;

La Compagnie Royale d'assurances à la quelle appartiennent les premiers fondateurs, offrant de fournir gratuitement le local des Bureaux de la Caisse;

en tête, servira aussi, selon cette logique de moralisation, à pourfendre la loterie, tenue pour responsable de l'imprévoyance du peuple de Paris, et prêcher son interdiction.

Il est question ensuite de mettre en lumière les bienfaits dispensés par l'épargne. Aux yeux des philanthropes, la Caisse d'Épargne propose, à une époque où il n'existe aucune forme des protections sociales que nous connaissons aujourd'hui, l'instrument clef de la prévoyance populaire. Maladie, chômage ou vieillesse : autant de causes de souffrance, d'insécurité et de misère, que les économies, amassées dans les jours meilleurs de bien-être, de plein-emploi ou de vaillance, pourront apaiser. Posséder un livret, l'alimenter de manière régulière, y faire fructifier son capital résulte de plus que d'un simple exercice d'économie de précaution. Il procède également de l'apprentissage d'une saine gestion, de la maîtrise de soi et de l'indépendance.

❝Insouciants de l'avenir, avides de jouissances, ils jettent, grands seigneurs d'un jour, leur argent le lundi dans les cabarets… Sans les cabarets, le gouvernement ne serait pas renversé tous les mardis ! Ces ouvriers ne sont pas loin des bohémiens, ont tous un rêve, une espérance, un bonheur, le jeu, la loterie ou le vice.❞

Honoré de Balzac, *La Fille aux yeux d'or*, 1834-1835

Une ouverture à tous

« Nous demandons du travail pour avoir du pain », proclame une députation de Lyonnais en 1792. Sous la Révolution comme encore au début du XIXe siècle, les disettes, fléaux redoutés de l'Ancien Régime, frappent sporadiquement les populations modestes. Pénuries et cherté des denrées, ou manque d'ouvrage, plongent les plus démunis dans la misère. Des mouvements philanthropiques ou de charité de toute obédience tentent de soulager les indigents. La bienfaisance s'efforce de distribuer des secours, notamment des subsides alimentaires (comme ici des soupes lors de la famine de l'an VIII) pour soulager les souffrances et contrer les épidémies.

On ne saurait trop souligner l'innovation majeure, la nouveauté radicale que constitue la création de la Caisse d'Épargne en ce début du XIXe siècle. Il n'existe à l'époque aucun organisme de dépôt sûr accessible au plus grand nombre. Les notaires sont, du fait de l'étendue de leurs activités et de leur connaissance intime des bourses individuelles, des vecteurs privilégiés pour le placement des capitaux, notamment en province. Mais, en raison même de la spécificité professionnelle qui est la leur, ils ne pratiquent le dépôt, et son placement, que dans des cercles restreints et de manière épisodique. Cette activité spécifique ne constitue pas le cœur de leur métier et le notaire ne réalise en fait, en moyenne, que moins de dix opérations financières par mois, qui, si elles ont le privilège de la sécurité, n'en sont pas moins lentes et coûteuses. La haute banque parisienne ou les banques provinciales, intéressées, pour leur majorité, dans le financement du grand commerce, ne sont accessibles qu'aux titulaires de grandes fortunes.

Nul organisme de dépôt, *a fortiori* de placement pour les plus modestes. La fondation de la Caisse d'Épargne comble un vide dans le paysage bancaire français. Elle est en effet destinée aux exclus de la finance, et créée pour « recevoir en dépôts les petites sommes qui lui seront confiées par les cultivateurs, ouvriers artisans, domestiques et autres personnes industrieuses ».

La démocratisation financière engagée par l'apparition des Caisses d'Épargne couvre bien l'ensemble de la population, toutes couches sociales confondues, sans exclusive d'âge ni de sexe. Le livret d'épargne est ainsi accessible depuis l'origine aux enfants dès leur naissance, aux femmes, pourtant considérées longtemps juridiquement comme incapables majeures, jusqu'aux plus humbles. L'innovation a valeur d'exemple, en ce début de XIXe siècle où l'exclusion bancaire est norme plutôt qu'exception.

Dans cette aquarelle aux vertus édifiantes, exécutée à la demande de Benjamin Delessert (ci-dessus), l'économie est symbolisée par un enfant de 12 ans qui remplit sagement sa tirelire pour en porter bientôt le contenu à la Caisse d'Épargne. Les enfants constituent une partie importante de la clientèle naissante : la proportion de livrets ouverts aux noms de mineurs est supérieure à 15 % dès les premières années de création des Caisses en France. Sans doute une partie importante de ces épargnants était-elle constituée de parents des classes aisées, susceptibles d'embrasser cette idée de l'épargne et désireux d'assurer l'avenir de leur descendance.

Ouvrier mais rentier

Simplicité de fonctionnement, autonomie et liberté dans l'engagement d'épargne attestent clairement de la détermination de démocratisation financière. Les dépôts sont acceptés à partir de 1 franc. Un intérêt est alloué en fin d'année, selon le taux avantageux de la rente : 5 %. Les dépositaires peuvent retirer leurs avoirs à volonté et nulle obligation ne leur est faite pour les versements. Aussitôt atteinte la somme suffisante à l'achat de 50 francs de rente au cours moyen de la Bourse de Paris, le titre est acquis au nom du déposant qui en devient propriétaire. La valeur en est alors déduite de son avoir.

Parler d'intermédiation financière est sans doute anachronique à l'époque. Mais hors cette liberté stylistique, il s'agit bien du service proposé par la Caisse d'Épargne des origines : offrir un accès simplifié au marché de la rente, le livret d'épargne étant conçu, au départ, comme une passerelle vers celle-ci. Là encore l'innovation force l'étonnement. Chimérique semble en effet la propriété aux yeux des populations industrieuses, au regard de leur précarité économique ; chimérique leur accession au statut de rentier, paré symboliquement de toutes les vertus économiques et sociales. Avoir élargi le marché de la rente, moyen traditionnel de placement des élites urbaines, l'avoir rendu accessible aux plus humbles est sans doute l'une des facettes les plus étonnantes – et souvent la plus méconnue – de la Caisse d'Épargne à sa création. Certes, très vite le livret d'épargne deviendra

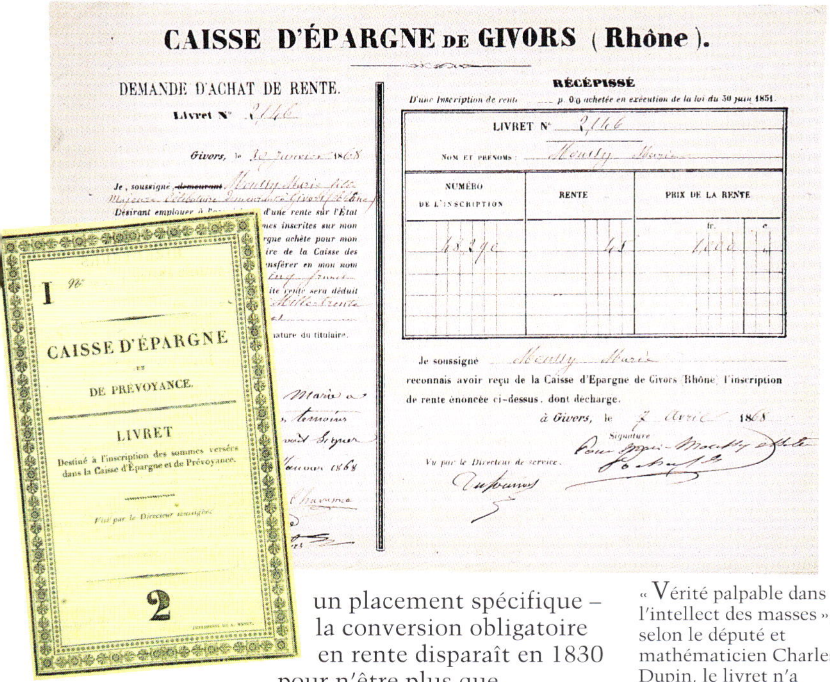

un placement spécifique – la conversion obligatoire en rente disparaît en 1830 pour n'être plus que facultative. Mais il faudra attendre les années 1960, et l'apparition de nouveaux instruments de placement populaire, comme les SICAV, pour que le marché boursier, réservé à une population aisée et habituée aux réalités financières, soit de nouveau à la portée des bourses profanes.

L'alphabétisation monétaire

Instrument de l'acte d'épargne, le livret est aussi conçu comme un extraordinaire outil pédagogique. La délivrance d'une simple reconnaissance de dépôt est alors l'usage dans la pratique bancaire. Pour une population non aguerrie aux arcanes de la finance, celle-là même que visent les créateurs des Caisses, le geste financier reste un acte infiniment abstrait, qui force l'hésitation. Et la méfiance. On le comprend. L'époque des assignats n'est guère lointaine.

« Vérité palpable dans l'intellect des masses », selon le député et mathématicien Charles Dupin, le livret n'a guère changé dans sa forme depuis 1818, sinon de taille ou de couleur (ci-contre, à gauche). Il est conçu sur le modèle anglais du *deposit sheet* de la Saving Bank de Ruthwell créée en 1810, mais aussi sur celui des livrets d'apprentissage ou de sociétés de secours mutuel, auxquels les ouvriers étaient déjà habitués. Les sommes déposées permettent d'acquérir des rentes : ci-dessus, une demande d'achat de rente émise par la Caisse de Givors pour un de ses épargnants.

Laisser en dépôt de la monnaie sonnante et trébuchante en échange d'un simple reçu papier n'est pas ancré dans la pratique culturelle. Le livret, par sa matérialité même, par la mention du nom et prénom du déposant, par l'inscription, en chiffres et en lettres, de l'historique des dépôts et remboursements, donne une forme plus tangible, dans l'espace comme dans le temps, à l'acte d'épargne. Il acclimate l'effort abstrait d'économie. Il devient un des instruments clefs de l'« alphabétisation monétaire » d'une population qui n'a pas encore été acculturée au « signe » fiduciaire. Rien d'étonnant à ce que l'œuvre des Caisses d'Épargne soit ainsi comparée à une œuvre scolaire, comme le précise Benjamin Delessert, à la Chambre des députés :

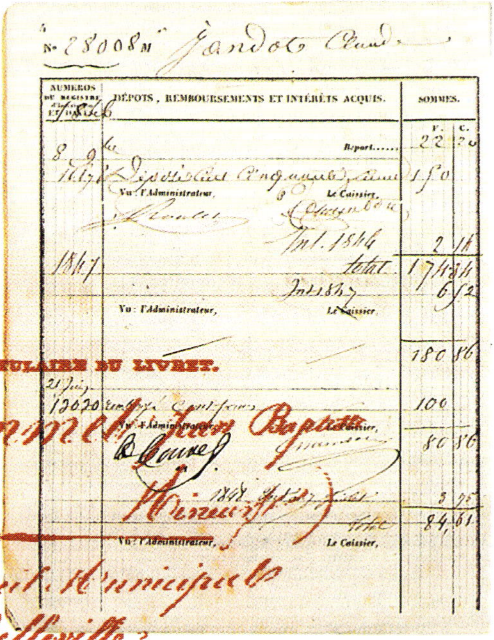

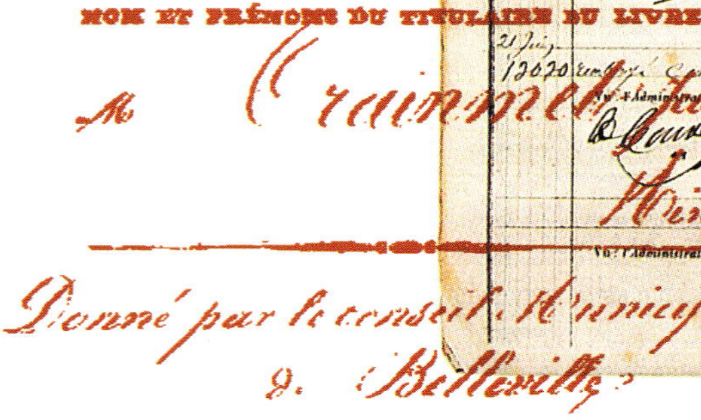

« L'instruction sous le rapport intellectuel, l'ordre et l'économie sous le rapport matériel sont, après les sentiments religieux, ce qui peut exercer le plus d'influence sur le bonheur des individus. » Que le livret n'ait guère changé depuis sa naissance en 1818, ni dans sa forme ni dans son fonctionnement, atteste de la force du concept.

Nominatif, le livret porte un numéro d'ordre, les nom et prénom du déposant, sans autre renseignement personnel. La signature du titulaire n'y est d'ailleurs pas apposée. Celle du directeur de la Caisse et le timbre de l'établissement garantissent l'authenticité du document. La présentation du livret est nécessaire pour toute opération. Dépôts et retraits y sont consignés, avec la date, ainsi que leurs montants, en lettres et chiffres.

Vaincre l'hostilité

Comment vulgariser une telle innovation ? La gageure semble grande en ce début de XIXe siècle. Les campagnes menées notamment pour la vaccine ont montré combien la population pouvait se révéler rétive à tout changement. Les bouleversements qu'initie la création des Caisses d'Épargne engagent des habitudes depuis fort longtemps ancrées dans le quotidien des Français. Le docteur Villermé, dans son *État physique et moral des ouvriers* (1840), souligne ainsi la tradition d'hostilité à l'épargne en milieu populaire, touché, qui plus est, à 70 % par l'analphabétisme. Avoir converti la population à la Caisse d'Épargne, nonobstant le poids des traditions – et celles qui ont trait à l'argent ne sont pas les moins tenaces – est sans nul doute la plus grande réussite des philanthropes.

L'on comprend pourquoi les premières décennies de l'institution sont difficiles. À Paris, les fondateurs déplorent le peu d'empressement des clientèles populaires et ouvrières ; en province, les Caisses ne rencontrent qu'un succès d'estime. Le duc de La Rochefoucauld-Liancourt s'en inquiète ainsi à l'assemblée générale de la Caisse d'Épargne de Paris en 1822 : « La classe que vous avez particulièrement l'intention d'aider se persuade difficilement que des hommes d'une fortune indépendante veuillent s'occuper de ses intérêts, en rejetant jusqu'à l'idée du moindre avantage personnel. »

« Tu mets à la Caisse d'Épargne... Et tu bois de l'eau ! Merci ! », ironise l'ivrogne de cette caricature de *La Presse ouvrière*, comme pour répondre à Alphonse de Lamartine qui proclame : « Chaque fois que l'ouvrier porte une épargne à ses Caisses, c'est un vice qu'il jette avec son écu, c'est une vertu qu'il achète avec ses économies. »

Populariser la Caisse d'Épargne auprès du plus grand nombre, jusqu'au plus humble travailleur, par des campagnes de promotion dans l'opinion ! Tel est le travail auquel s'attellent les partisans enthousiastes et hommes d'éloquence ralliés à la cause des Caisses d'Épargne. Pour initier aux gestes du dépôt, rien de plus édifiant que l'exemple par le don de livrets. Pionnier en la matière, le duc de La Rochefoucauld-Liancourt offre déjà en 1818, un mois avant l'ouverture effective de la Caisse de Paris, des livrets aux élèves de l'école de Liancourt, ancêtre des écoles d'Arts et Métiers, et aux petits ouvriers de sa fabrique. Suivant son exemple, Benjamin Delessert, à Passy, en destine également à ses employés. Le duc de Berry, quant à lui, propose à ses gens de maison, pour les encourager à l'épargne, de doubler le montant de leur premier dépôt. À la naissance du duc de Bordeaux, le 29 septembre 1820, le roi ordonne la dotation de livrets pour les enfants indigents de la capitale nés le même jour que le nouveau-né. En célébration de ses noces, en mai 1837, le duc d'Orléans fait ouvrir des livrets au profit d'écoliers. Cette forme de promotion par l'incitation directe à l'épargne, même si elle se multiplie, ne touche qu'un public restreint.

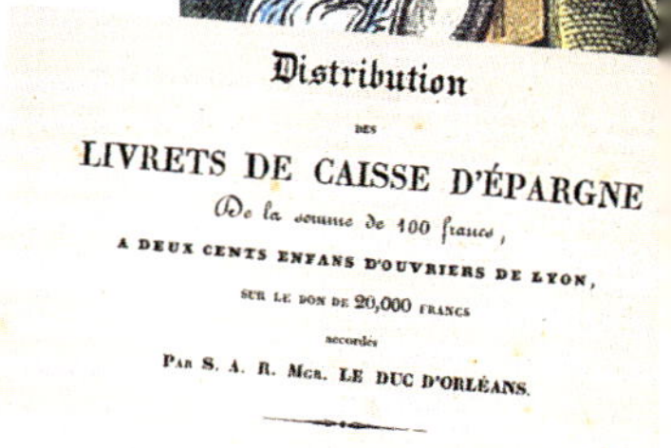
Distribution
des
LIVRETS DE CAISSE D'ÉPARGNE
De la somme de 100 francs,
A DEUX CENTS ENFANS D'OUVRIERS DE LYON,
SUR LE DON DE 20,000 FRANCS
accordés
PAR S. A. R. MGR. LE DUC D'ORLÉANS.

Puissant véhicule idéologique auprès des masses, l'imagerie populaire joue tout au long du XIXe siècle un rôle dominant dans la diffusion des messages édifiants. En haut, à gauche, Benjamin Franklin vante les bienfaits de l'épargne auprès d'un jeune homme en lui faisant tourner le dos à la misère et à la débauche pour le guider vers le bonheur.

La grande presse, et notamment la presse philanthropique, met également sa rhétorique au service de la nouvelle institution, atteignant ainsi en nombre un auditoire plus large. Mais les meilleurs véhicules de campagne en faveur des Caisses sont sans doute les récits populaires. Au premier rang desquels *Bonhomme Richard*, de Benjamin Franklin, chantre de l'épargne populaire qui sait prêcher par l'exemple en termes simples et clairs, par la maxime, la sentence et le proverbe, et trouver audience auprès des populations industrieuses. D'autres plumes, plus ou moins renommées, s'essaieront, pour promouvoir l'institution, au genre des maximes et proverbes ou des courts récits, empruntés à la littérature de colportage, apanage du peuple ouvrier et paysan jusqu'au milieu du XIXe siècle.

Les images d'Épinal diffusées par les apôtres de l'épargne portent sur des sujets moraux. « Le bienheureux saint Lâche, patron des loupeurs, flâneurs, paresseux, fainéants » (ci-dessus) est confronté à un choix : à droite, l'imprévoyance, la dette, la maladie et le malheur dans lequel l'alcoolisme le précipiterait ; à gauche un monde de félicité revisité par l'épargne, au sein duquel on l'invite à entrer, en lui tendant un livret.

L'aventure des Caisses d'Épargne scolaires

> ❝Un sou épargné peut être le grain d'un million […]. Les enfants, grâce à l'influence qu'ils exercent sur la famille, où ils apportent leur livret […], initient les parents au mécanisme, aux avantages de la Caisse d'Épargne. […] [Il faut] [e]nseigner l'économie comme on doit enseigner une vertu, en la faisant pratiquer, l'enseigner aux enfants qui sont les meilleurs agents de toute rénovation sociale.❞
>
> Augustin de Malarce, *Manuel des Caisses d'Épargne*, 1874

Éduquer ! maître mot du progrès. Éduquer afin de construire une nouvelle civilisation au sein de laquelle l'homme aura désormais acquis indépendance, bonheur et liberté, au bénéfice d'une paix sociale durable. La loi sur l'instruction primaire de François Guizot, du 8 juin 1833, répond à cette sollicitude : « La liberté n'est assurée et régulière que chez un peuple éclairé pour écouter en toute circonstance la voix de la raison. »

Au cœur des multiples projets défendus par les philanthropes du XIXe siècle, comme les zélateurs des Caisses d'Épargne françaises, l'éducation occupe donc une place centrale. L'intérêt porté à l'enfance, à la génération qui s'élève, est emblématique de cette préoccupation. Plus difficile en effet de réformer les cœurs et les mœurs d'adultes plongés dans l'ignorance, « mère de tous les vices », « état d'enfance perpétuelle ». Accoutumer les plus jeunes aux pratiques d'économie relève bien, dans les esprits de l'époque, d'une mission nécessaire au bonheur individuel et au bien public. Instrument inédit, et resté sans équivalent, de cette acculturation : les Caisses d'Épargne scolaires.

La toute première Caisse d'Épargne scolaire est fondée le 4 mai 1834 par un instituteur du Mans, François Dulac, qui la fera fonctionner régulièrement pendant quarante ans dans son école. Sa méthode propose de recueillir auprès des élèves jusqu'à la petite somme d'un sou pour amasser le franc qui est alors le minimum accepté par la Caisse d'Épargne laquelle ouvre, dès cette somme

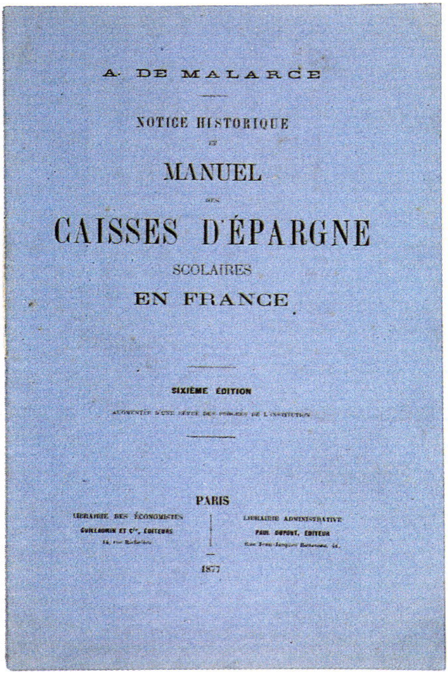

minimale réunie, un livret au nom de l'enfant. Aux yeux de cet enseignant manceau, la Caisse d'Épargne scolaire est bien un instrument idéal d'éducation populaire : facteur d'encouragement à la prévoyance pour les plus jeunes esprits, il est aussi un agent de promotion des idées d'épargne auprès de leurs parents, qui « finissent par prendre part eux-mêmes à une institution de prévoyance qui autrement leur fût restée inconnue ou indifférente ». L'initiative, qui donne lieu à des controverses méthodologiques, fait quelques émules en France, à Amiens, à Grenoble ou à Périgueux, avec l'appui des Caisses locales, et se popularise à l'étranger, en Angleterre dès 1837, sous le nom de Penny Bank, ou en Belgique à partir de 1866.

La formule connaît un regain d'intérêt sur le territoire français au début des années 1870, sous l'impulsion d'Augustin de Malarce, qui, persuadé des bienfaits de la Caisse d'Épargne scolaire sur les « jeunes esprits », souhaite en doter l'ensemble des écoles françaises : « Je suis convaincu que le plus puissant moyen de donner à un peuple les bonnes mœurs de la civilisation, l'esprit et l'habitude de la prévoyance, la vie forte et réglée, c'est la Caisse d'Épargne, et surtout la Caisse d'Épargne scolaire, qui forme, prépare les enfants à cette vie réglée. » Pour ce haut fonctionnaire, la Caisse d'Épargne scolaire ne doit pas être une banale collecte d'argent auprès des élèves, mais un exercice pleinement éducatif, dirigé, opéré et commenté par l'instituteur. Il popularise l'institution, qui connaît en quelques années une ascension fulgurante avec l'approbation explicite du ministère de l'Instruction publique et des inspections d'académie.

De 7 en 1874 à plus de 8 000 trois ans plus tard, 14 000 écoles possèdent une Caisse d'Épargne scolaire

À l'instar des images d'Épinal, les services de table de Creil et de Montereau participent à la diffusion des discours vertueux auprès du public. Comme dans l'iconographie chrétienne des vertus, chaque épisode moral a son contraire. À la série dite de « l'épargne » (ci-dessus) fait contrepoint la série du « cabaret ».

en 1880, 24 000 en 1886, année de l'apogée de l'institution qui touche près de 500 000 écoliers. Le développement de cette création d'une grande plasticité doit beaucoup à la libre initiative des conseils généraux et des Caisses d'Épargne locales, qui allouent des crédits à son fonctionnement, comme au dévouement des instituteurs. Augustin de Malarce donne ainsi son organisation définitive et rationnelle à la Caisse d'Épargne scolaire, préparant son institutionnalisation sous la IIIe République.

L'épargne au cœur des valeurs républicaines

À la suite des grandes lois de Jules Ferry (1881-1882), l'instruction devient laïque, gratuite et obligatoire pour les enfants de 6 à 13 ans; l'apprentissage de la prévoyance et de l'économie, devenues matières obligatoires, est à l'honneur des programmes d'éducation de l'école publique. L'apologie classique des louanges de l'épargne, désormais républicanisées, s'enrichit alors d'un nouvel aspect, celui des bienfaits économiques que peut en retirer la nation. Jusque dans les années 1950, dictées, exercices de calcul, leçons de morale, compositions scolaires ne cessent d'exalter l'épargne et ses vertus nationales, enseignements mis en pratique par la Caisse d'Épargne scolaire, où sont placées, avant d'être déposées sur un livret, les économies réelles des élèves. Des primes sont allouées aux jeunes déposants par les Caisses d'Épargne, des livrets offerts aux plus méritants d'entre eux comme aux lauréats des concours scolaires. En 1927, une « Journée de l'épargne » est instituée pour célébrer annuellement et publiquement les mérites des écoliers-épargnants. La fête, organisée par la Caisse d'Épargne de la ville, réunit notables, parents et enfants, donne lieu à une « causerie » sur l'épargne et se clôt en chansons.

Cette institution originale, disparue depuis 1970, aura ainsi marqué de son empreinte des générations d'écoliers, qui conservent encore, ou se souviennent, des buvards, protège-cahiers, crayons et règles offerts par l'Écureuil. Au-delà des circonstances particulières de sa création, la Caisse d'Épargne scolaire témoigne du lien puissant qui a uni, pendant plus d'un siècle, l'école et la Caisse d'Épargne, toutes deux investies de missions similaires. L'apprentissage de la lecture, de l'écriture et du calcul se complétant ainsi d'un apprentissage, tout aussi nécessaire pour l'autonomie citoyenne, d'une pratique bancaire pleinement maîtrisée.

Les « bons points argent » sont alloués par la Caisse d'Épargne à l'instituteur, en lieu et place des traditionnels « bons points images », pour être distribués aux élèves méritants (à gauche, une planche de bons points d'une valeur de 10 centimes, qui illustrent des vertus morales au travers de contes de Perrault ou de fables de La Fontaine). Ces bons points fonctionnent aussi comme des incitations à l'épargne, chaque versement sur le livret d'épargne scolaire (à gauche) étant récompensé par une image de la valeur correspondante. Ci-dessous, une jeune fille vient choisir des images pour son album de bons points argent, à proportion du dépôt qu'elle vient d'effectuer.

CAISSE D'EPARGN

Développer la collecte des dépôts au nom du devoir essentiel qu'ont les Caisses d'affermir la pratique de l'épargne populaire dans le quotidien est le credo des années 1850-1900. Ce faisant, les Caisses d'Épargne tissent des liens de confiance et de proximité, tant physiques que symboliques, qui scellent leur réussite et leur pérennité. L'alchimie de leur consécration, qui s'inscrit au cœur de l'intérêt général, leur permet d'accéder, au-delà de la réalité tangible de leur essor, à la force des lieux de mémoire.

CHAPITRE 2

AU CŒUR DES RÉGIONS ET DES HOMMES

« Leur immense mérite a été de faire vivre aux quatre coins de la France, de populariser les valeurs de l'épargne, symbole dans notre civilisation de liberté, de fécondité et d'effort [...]. La ville où l'on vit, c'est dans l'imagination des Français, une mairie, un marché et non loin de là une Caisse d'Épargne. »
Robert Boulin, ministre délégué à l'Économie et aux Finances, 1977

L'invention d'un réseau de proximité

Le bas de laine est bien souvent préférable à la fatigue d'un long trajet à pied, ou en carriole, jusqu'à un établissement de dépôt, fût-il ouvert à tous. Pour un contemporain, habitué à la prolifération des agences bancaires et à la démultiplication des distributeurs automatiques, à leur présence dans le plus reculé des villages, la réalité financière du XIXe siècle force l'étonnement, au regard du chemin parcouru. Les créateurs des Caisses d'Épargne ont bien compris l'importance que revêt la proximité spatiale dans le succès de leur entreprise. Mais dans cette première moitié du XIXe siècle, la présence géographique des Caisses d'Épargne ne relève pas d'une fonction concurrentielle, elle se situe dans la construction même d'une réalité. La proximité crée l'objet. Les Caisses, et le service qu'elles proposent, n'existent que par leur visibilité matérielle. En témoigne,

« On ne sait pas ce qu'il y a d'argent en France dans les vieux bas », souligne le duc de Morny, demi-frère de Napoléon III et ministre d'État. En effet, la France rurale, depuis toujours sensibilisée aux aléas climatiques et donc aux incertitudes du lendemain, a longtemps gardé par-devers elle ses économies dans un bas de laine (ci-dessus), préférant cette thésaurisation privée à la mise en dépôt de ses deniers auprès d'un organisme extérieur.

en décembre 1831, le maire du VIIIe arrondissement – qui s'étend alors du Marais au faubourg Saint-Antoine et aux Quinze-Vingts. Exhortant à l'ouverture d'une succursale dans son arrondissement, il souligne que les ouvriers des quartiers Saint-Antoine et Popincourt, en raison de l'éloignement de la Caisse d'Épargne – située rue de la Vrillière dans les locaux de la Banque de France – ignorent jusqu'à l'existence même de l'institution. Que dire alors de ceux de la province ?

Marins et militaires, autant par leur nombre que par leur capacité d'épargne à moyen terme, constituent une clientèle prisée par les Caisses, qui leur délivrent un livret particulier,.ou « livret conditionnel ». La mention de la « condition » est apposée sur la première page de celui-ci : pour les marins, elle permet d'effectuer des versements hebdomadaires supérieurs au plafond autorisé, leur solde leur étant allouée en une seule fois après plusieurs mois de navigation. Autres porteurs de « livrets conditionnels », les femmes mariées et les enfants, qui ne peuvent retirer leurs dépôts qu'avec l'autorisation de leur époux ou tuteur.

Certes la démocratisation financière exaltée par les fondateurs, l'accessibilité à tous, qui passe notamment par l'apprentissage des bonnes conduites d'argent, est au cœur du projet de la Caisse d'Épargne. Et la proximité que célèbrent les fondateurs est bien plus sociale que géographique. Mais, au regard de l'innovation proposée, le développement du réseau de diffusion a été un instrument indispensable de réussite.

La création de la Caisse d'Épargne de Paris en 1818 ne fait que lentement école. Deux autres Caisses sont fondées en 1819 : Bordeaux et Metz ; une en 1820 : Rouen ; quatre en 1821 : Marseille, Nantes, Brest et Troyes ; deux l'année suivante : Lyon et Le Havre ; Reims en 1823. Au total, dans les cinq années qui suivent la fondation parisienne, seuls dix établissements ont vu le jour. Et parmi les villes dans lesquelles ouvrent ces dix premières Caisses figurent six ports, à l'activité maritime et fluviale alors déterminante pour l'économie du pays, et une ville de garnison (Metz). Défrayés de leur entretien, et recevant leur solde à leur retour de voyage au long cours ou de campagne, les marins et militaires semblent en effet posséder, comme les domestiques, une capacité d'Épargne supérieure à celle des autres classes laborieuses. Aux yeux des fondateurs, ils représentent autant de futurs déposants, garants du succès de l'établissement et de sa popularisation.

Le mouvement de création des Caisses d'Épargne trouve un nouvel essor significatif sous la monarchie de Juillet. L'État s'était jusqu'alors borné à jouer un rôle régulateur, laissant les fondations aux bons soins de l'initiative privée et de la bienveillance de quelques notabilités économiques locales. Nouveau régime, nouvelle donne ! Instances préfectorales et municipales sont désormais invitées à impulser et soutenir matériellement et financièrement les initiatives de fondations. Les créations se multiplient ; aux quatre coins de la France, les salles de conseils municipaux, où siègent ce que la commune compte de banquiers, négociants, notaires, avocats, médecins, pharmaciens et hauts fonctionnaires, résonnent bientôt des discussions préalables à l'ouverture d'une Caisse d'Épargne, à la constitution de son conseil d'administration, aux locaux de la ville qui pourraient lui être réservés. La diffusion de l'innovation est en marche. En 1848, 93 % des villes de plus de 10 000 habitants possèdent une Caisse d'Épargne.

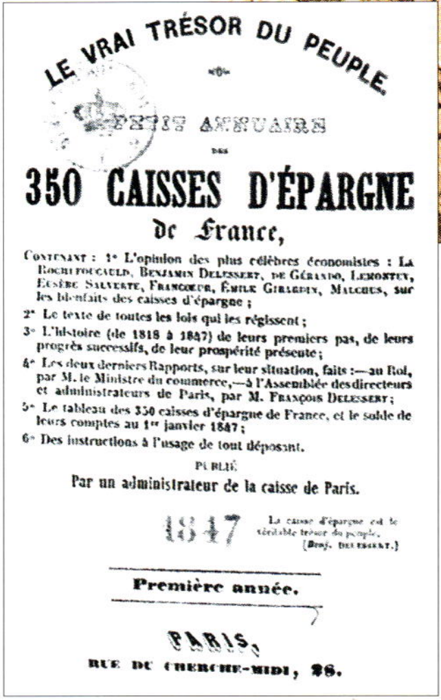

LE VRAI TRÉSOR DU PEUPLE.

PETIT ANNUAIRE

DES

350 CAISSES D'ÉPARGNE

de France,

CONTENANT : 1° L'opinion des plus célèbres économistes : LA ROCHEFOUCAULD, BENJAMIN DELESSERT, DE GÉRANDO, LEMONTEY, EUSÈBE SALVERTE, FRANCOEUR, ÉMILE GIRARDIN, MALCHUS, sur les bienfaits des caisses d'épargne ;

2° Le texte de toutes les lois qui les régissent ;

3° L'histoire (de 1818 à 1847) de leurs premiers pas, de leurs progrès successifs, de leur prospérité présente ;

4° Les deux derniers Rapports, sur leur situation, faits : — au Roi, par M. le Ministre du commerce, — à l'Assemblée des directeurs et administrateurs de Paris, par M. FRANÇOIS DELESSERT ;

5° Le tableau des 350 caisses d'épargne de France, et le solde de leurs comptes au 1er janvier 1847 ;

6° Des instructions à l'usage de tout déposant.

PUBLIÉ

Par un administrateur de la caisse de Paris.

1847

La caisse d'épargne est le véritable trésor du peuple.
(Benj. DELESSERT.)

Première année.

PARIS,

RUE DU CHERCHE-MIDI, 86.

En 1847, plus d'un demi-million de livrets ont déjà été ouverts par les épargnants. À droite, le sceau de la Caisse des dépôts et consignations.

Construire un lien de confiance

« De toutes les propriétés, la plus inviolable et la plus sacrée est l'épargne du pauvre. Les Caisses d'Épargne sont placées sous la garantie de la loyauté nationale », déclare, en pleine tourmente financière, le ministre des Finances du gouvernement provisoire mis en place en 1848 par la IIe République. L'institution sortira transformée de cette première crise financière d'envergure. Car c'est bien le lien de confiance qui se trouve mis en question. Que la Caisse d'Épargne surmonte indemne la tourmente financière, et le lien de confiance se trouvera durablement noué avec des déposants, échaudés par les banqueroutes financières des années révolutionnaires et impériales ; qu'elle se trouve mise en défaut et son crédit s'effondrera comme

Lors de la fête de la Concorde, qui célèbre l'avènement de la IIe République en mai 1848, le char de l'Agriculture est entouré de cinq cents jeunes filles qui reçoivent en cadeau un livret d'épargne.

château de cartes, présageant son impopularité. Car le succès de la collecte de l'épargne populaire, s'il en est, doit sa réussite à la confiance. Les zélateurs des Caisses d'Épargne l'ont vite souligné, qui n'ont de cesse de demander que « ce trésor sacré » des ouvriers soit protégé des aléas politiques et financiers, et mis sous la garantie de l'État. Cette garantie leur a été d'ailleurs offerte depuis 1829, date à laquelle le gouvernement a autorisé que la gestion des fonds « sacrés et inviolables » de l'épargne populaire soit dévolue au Trésor, puis en 1837 à la Caisse des dépôts et consignations. À la faveur de ces lois, le livret d'épargne est devenu un placement spécifique, qui bénéficie des avantages d'une liquidité totale des fonds et d'une sécurité sur les dépôts et intérêts que pouvait difficilement assurer alors, sur le long terme, la sphère privée. Aujourd'hui encore, le livret A constitue la valeur

refuge de l'épargne populaire. Pour preuve, les atermoiements boursiers se conjuguent toujours avec des dépôts massifs sur l'actif défiscalisé. Et pour peu qu'il soit porté atteinte au taux d'intérêt qu'il procure, les quotidiens et journaux télévisés se font l'écho passionnel de sa baisse, ou de sa hausse, témoignant de la charge affective et symbolique qui lui est attachée.

En 1848, la confiance ne sera pas mise en défaut. L'État, aux finances pourtant durement éprouvées, tient ses engagements. Certes, l'on pourra toujours prendre le pouls de la Nation à l'aune des files d'attente aux guichets de Caisses d'Épargne, au cours de chaque grande crise politico-financière, ou à l'imminence d'un conflit. L'épargne populaire a ses flux et ses reflux, prompte à s'inquiéter et à s'apaiser, au miroir des événements nationaux ou internationaux. Mais la première difficulté surmontée en 1848 a consolidé l'image de sécurité de la Caisse d'Épargne auprès de l'ensemble des Français. Investie de cette image de fiabilité jamais mise en défaut, l'institution dépositaire peut désormais soutenir les crises suivantes, consolider son assise populaire, tisser ces liens de proximité que seule la confiance peut affermir.

L'histoire française n'est pas exempte de bouleversements pendant la seconde moitié du XIXe siècle. Plusieurs régimes, IIe République, second Empire, IIIe République, se sont succédé avec les heurs et malheurs qui accompagnent toute fièvre politique. L'insurrection populaire de la Commune a fait suite à la guerre franco-prussienne de 1870 qui s'était soldée par le siège de Paris, laissant une capitale exsangue à la population éprouvée. Le krach de l'Union générale, en 1882, a rappelé aux Français la fragilité du système boursier, provoquant une asthénie bancaire durable. Le scandale de Panamá, qui éclate en 1892, a englouti les modestes économies des petits porteurs, qui s'étaient enhardis à les placer dans le financement onéreux de la construction interrompue du canal transocéanique de Ferdinand de Lesseps. Chaque crise repose la question de la confiance, suscite de nouvelles interrogations, livre son cortège d'apprentis agioteurs ruinés. Mais aucune n'a durablement porté atteinte aux Caisses d'Épargne. Bien au contraire. Chacune a permis de conforter l'image de pérennité que l'institution dépositaire de l'épargne populaire a su se forger par-delà les difficultés, et grâce à elles, favorisant l'essaimage rapide des Caisses sur l'ensemble du territoire. La geste de l'épargne populaire s'est désormais enrichie d'un nouvel héraut : la confiance. À la fin du siècle, plus de cinq cent cinquante établissements ont vu le jour, de Bergues à Céret, de Belle-Île-en-Mer à Puget, en passant par Issoire. La réalité de leur présence auprès du public est amplifiée par la création de bureaux auxiliaires, bien souvent implantés dans les quartiers populaires, et de succursales, notamment en milieu rural, dont le nombre dépasse les mille trois cents en 1899.

La caricature de Platel intitulée « Le Gobe-Mouches » (à gauche) symbolise le désarroi du petit épargnant face à la frénésie financière. Les sacs ouverts à ses pieds portent les noms de « Bourse Vivienne », la grande place financière de Paris (l'actuel palais Brongniart), et de « Tortoni », la brasserie voisine, lieu de rendez-vous du petit monde des agioteurs. Les mouches qui s'échappent de ces sacs libèrent des informations laconiques telles que « Les Russes sont entrés à Constantinople », « Prise de Boulogne par l'armée impériale », « La Bourse d'Angleterre suspend ses paiements ». Elles incarnent les rumeurs incontrôlées, les « faux bons tuyaux » que les boursicoteurs, aux espérances souvent déçues, viennent chaque jour recueillir autour de la Bourse.

La guerre contre la Prusse, la capitulation de Napoléon III à Sedan, le 2 septembre 1870, puis le siège de Paris provoquent une vague de panique parmi les déposants qui affluent aux guichets des Caisses et succursales pour retirer leurs économies (ici, à Paris, à la mairie du IXe arrondissement).

Jusque dans les plus modestes villages

Injustice, abandon ou désaveu de l'État clament bientôt les maires des communes non desservies par une Caisse d'Épargne, tant l'innovation s'est inscrite dans la réalité citoyenne normative, tant les services proposés ont valeur d'universalité et de sécurité. En quelque cinquante ans, la Caisse d'Épargne est devenue un symbole, au même titre que l'école ou la mairie. Pour les opportunistes et radicaux au pouvoir jusqu'en 1914, l'épargne, comme l'instruction ou la laïcité, devient un des instruments clefs de popularisation des valeurs républicaines, fortifiant ainsi la dimension emblématique de l'institution dépositaire.

Mais comment essaimer dans les plus modestes villages, au cœur des hameaux les plus enclavés, dans les trente-quatre mille communes encore dépourvues de Caisse d'Épargne en 1880 ? Pour Alphonse Cochery, ministre des Postes et Télégraphes, « l'armée fidèle et dévouée de facteurs en communication quotidienne avec les habitants de nos communes et pénétrant dans les hameaux les plus reculés » semble le vecteur idéal pour pallier l'insuffisant maillage du territoire. La création de la Caisse d'Épargne postale, en 1881, répond à cette invite ministérielle. Cette nouvelle institution à statut public fonctionne dans tous les bureaux postaux de France et d'Algérie, et délivre, elle aussi,

En 1891, la France agricole, c'est encore 50 % de la population. Si les Caisses d'Épargne lui consacrent ses agendas (ci-contre), elles ne peuvent lui allouer les crédits nécessaires à sa modernisation. D'autres organismes y pourvoiront : caisses de crédit mutuel dès 1882 et, en 1894, caisses mutuelles agricoles locales, ancêtres du Crédit agricole.

en guise de récépissé de dépôt un livret d'épargne, au fonctionnement identique à celui de son aîné. « Laisser aux Caisses d'Épargne actuelles leur clientèle et nous réserver d'en créer une nouvelle » : pour Cochery, l'intention est explicite. Les deux réseaux sont complémentaires et non rivaux. Les faits lui donneront raison. Cette coexistence, loin de freiner les ardeurs, stimule au cours de la première moitié du XXe siècle l'ouverture de nouveaux guichets par les Caisses d'Épargne de statut privé, là où l'existence d'un lieu de collecte fait encore défaut. Aux oubliés de l'entre-deux-guerres, les Caisses proposent aussi, dès les années 1950, le service des cars-succursales, déclinant, voire réinventant le concept de proximité bancaire. La « tournée » de la Caisse d'Épargne, comme celle du boulanger ou du boucher, rythme alors la vie des hameaux, s'insinue dans les mémoires enfantines, tisse les liens du quotidien et de la confiance.

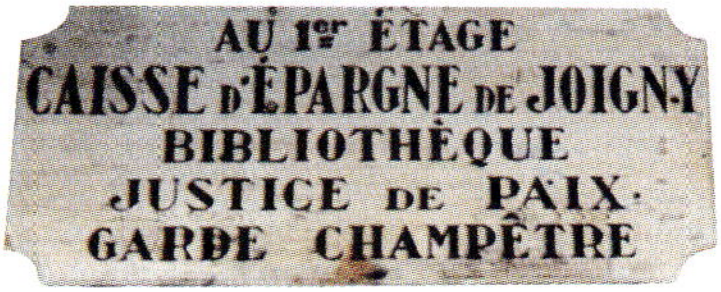

Les Caisses sont souvent abritées, à l'origine, dans un local municipal. Si à Joigny (plaque, ci-dessus), la Caisse côtoie dignement culture et justice, certains voisinages peuvent ailleurs créer des promiscuités embarrassantes. À Bolbec, par exemple, elle est installée au-dessus du « violon municipal ».

"Le coffret secret [...] porte en haut une fente [...]. La serrure est en bas, et le caissier de la Caisse en a seul la clé. Pas moyen, pour entamer les économies, que parents ou enfants usent de l'artifice de la lame de couteau ou brisent la boîte. Celle-ci gardera fidèlement son dépôt jusqu'au jour où il ira grossir le livret d'épargne et, à son tour, produira des intérêts."

Extrait du prospectus de cette « tirelire »

Au rythme du quotidien

Dimanche est jour chômé pour les ouvriers depuis la loi du 18 novembre 1814, mais jour d'ouverture de nombreuses Caisses d'Épargne à leur création. Cette ouverture dominicale perdure d'ailleurs dans la pratique dans les années 1970, comme par exemple à Concarneau ou à Saint-Laurent-de-Maroni, unique succursale de la Caisse de Cayenne.

SSE D'EPARGNE DE LYON

59 DU 87
CAISSE D'ÉPARGNE DE LIMOGES
TOUJOURS PLUS PRÈS DE VOUS

Les guichets ouverts les jours de repos dominical laissent à chacun la liberté, au sortir de la messe, de venir déposer le solde hebdomadaire du labeur.

Les jours de marché, mardi à Nay, mercredi à Yvetot, comme les jours de foire, samedi à Solesmes ou jeudi à Vézelay, les guichets fonctionnent également quelques heures durant. Car les Caisses d'Épargne vivent jusque récemment au rythme du quotidien des villes et villages. Elles calquent leurs journées et horaires d'ouverture sur ceux des foires, marchés ou comices agricoles, période d'affluence et de maniement d'argent. Un témoin, au début des années 1980 raconte encore : « Je découvre un monde subjuguant et passionnant. Sur les marchés de Castelnaudary, Lunel ou ailleurs, lorsque les femmes qui vendaient leurs produits avaient trop d'argent, elles faisaient garder leur banc quelques minutes et allaient déposer des liasses sans les compter sur le guichet de la Caisse d'Épargne en disant "tu comptes ce que j'ai, je reviens tout à l'heure." » Cette souplesse d'organisation renforce l'intégration des Caisses d'Épargne dans le tissu local et le cadre quotidien.

L'administration bénévole des Caisses par des notabilités locales témoigne de l'importance des liens de proximité dans la gestion quotidienne. Les administrateurs peuvent être des figures publiques, dont la renommée dépasse parfois le cadre géographique de l'établissement qu'ils gèrent, ou à l'inverse d'anonymes citoyens, parfois même des plus modestes : « des gens de la charrue ou de la pioche, des épiciers du village, des sabotiers ou des aubergistes qui viennent à toutes les séances du dimanche, arrêtent les bordereaux de versement ou de remboursement et signent [les] pièces ».

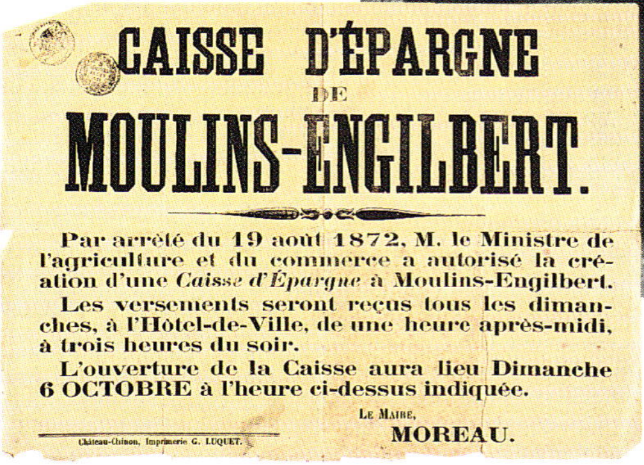

CAISSE D'ÉPARGNE
DE
MOULINS-ENGILBERT.

Par arrêté du 19 août 1872, M. le Ministre de l'agriculture et du commerce a autorisé la création d'une *Caisse d'Épargne* à Moulins-Engilbert.

Les versements seront reçus tous les dimanches, à l'Hôtel-de-Ville, de une heure après-midi, à trois heures du soir.

L'ouverture de la Caisse aura lieu Dimanche 6 OCTOBRE à l'heure ci-dessus indiquée.

Le Maire,
MOREAU.

Château-Chinon, Imprimerie G. LUQUET.

Dans la seconde moitié du XIXe siècle, de nombreuses Caisses d'Épargne détiennent seulement quelques centaines de livrets en compte. Les horaires d'ouverture de ces établissements sont le reflet du nombre modeste de déposants : mille à Moulins-Engilbert en 1880, moins de la moitié dans d'autres localités de la Nièvre comme à Luzy ou à La Charité.

Dans de nombreuses Caisses d'Épargne, le maire est nommé à la tête du conseil d'administration ; le conseil des directeurs (ci-contre, celui de Joigny, dans l'Yonne), qu'il préside, est chargé de la bonne marche de l'établissement, des grandes décisions sur son fonctionnement et sur son activité, de la ratification des comptes et des opérations, du choix des placements, notamment ceux de la fortune personnelle de la Caisse, etc. L'ensemble des décisions prises en conseil font l'objet de procès-verbaux.

Maires et préfets, instituteurs et curés de village, notaires et médecins, rentiers et industriels se voient souvent réunis, au-delà de leurs inimitiés et de leurs divergences, autour d'une cause portée par l'intérêt général, celle de l'épargne populaire, qui permet la naissance de concordes spirituelles durables.

Très proches de la population, parfaitement informés des us de chacun, les employés de l'institution sont également des personnalités reconnues pour leur intégrité. Au premier rang desquels le premier caissier. Unique salarié des Caisses au début de leur fonctionnement, il est une figure emblématique de l'institution. La croissance des dépôts, la complication de la gestion quotidienne imposent rapidement la multiplication du personnel dans les grandes Caisses : en blouse grise et manches de lustrine, l'on y emploie le contrôleur en charge de la comptabilité, le commis responsable de

Cette tirelire en métal, offerte aux déposants, souligne le lien, ancré dans la symbolique républicaine, qui unit la Caisse d'Épargne avec la mairie, dont elle prend ici l'apparence et les attributs.

l'enregistrement des dépôts ou des retraits, le planton préposé aux ouvertures, fermetures et à l'entretien des locaux.

Mais, dans la plupart des succursales, et dans les petites Caisses au fonctionnement limité à quelques heures par semaine, les employés ne sont pas des permanents. Déjà salariés et constitués en majeure partie d'employés de mairie, d'instituteurs ou de clercs de notaires, ils « tiennent » la séance d'ouverture de la Caisse d'Épargne à la mairie, à l'école, voire à domicile. Cette pratique, pour étonnante qu'elle soit, et qui perdurera jusque dans les années 1960, est sans équivalence. Elle souligne que l'on doit en partie la réussite de la démocratisation financière rêvée par les fondateurs à la mise en place d'un service de collecte de proximité qui offre la possibilité de faire des opérations financières entre personnes connues, dans le cadre du quotidien.

Modernisées au début du XXe siècle, les Caisses d'Épargne accueillent les déposants dans des halls spacieux qui abritent les guichets, et résonnent des appels nominatifs des déposants par le caissier et des coups de tampon apposés sur les livrets.

L'inscription des Caisses d'Épargne dans la ville

L'éclectisme, style architectural de la seconde moitié du XIXᵉ siècle, invite au monumental et emprunte ses motifs à l'histoire. Figure de proue des ces mutations architecturales, le baron Haussmann redessine l'espace urbain à Paris. Entre 1880 et 1914, les valeurs de la République triomphent. L'heure est à l'édification des mairies, fleurons républicains. En cette même période, les Caisses d'Épargne, en grand nombre, lancent la construction de leurs hôtels. Longtemps abrités dans des locaux précaires, leurs services ont été ensuite hébergés par les municipalités à l'initiative de leur création. L'édification de locaux à leur usage exclusif a valeur emblématique. Elle témoigne certes du succès de l'institution, mais plus encore du souci

La Caisse d'Épargne de Bordeaux, créée en 1819, une année après celle de Paris, est la première à se doter d'un édifice érigé à son usage exclusif en 1847. Soucieux de se « procurer un local convenable et en harmonie avec l'institution », les directeurs en décident la construction sur un terrain situé en centre-ville, proche de la mairie et de la cathédrale. L'hôtel bordelais, œuvre pionnière, fait rapidement école, essaimant au cœur des autres Caisses des soifs nouvelles de construction.

d'incarnation et d'exaltation, par le bâti, des valeurs de l'épargne populaire au cœur de la ville. Ainsi se forge, en cette fin du XIXe siècle, un style architectural spécifique aux Caisses d'Épargne.

Les hôtels empruntent à la typologie des édifices publics et bancaires pour véhiculer leur image de pérennité et de sécurité. Le choix de leur emplacement contribue à les consacrer comme de véritables « monuments » urbains. L'isolement du bâtiment sur une place, comme à Albi, à Belfort, à Bordeaux, à Louviers, à Pont-à-Mousson, ou à défaut l'utilisation de l'angle de rue, comme à Dreux, à Laval, à Saumur ou à Rocroi, concourent à leur visibilité et à leur respectabilité, de même que rotondes et dômes qui s'imposent souvent. Ainsi, à Marseille, « l'avant-corps principal est couronné par un dôme dont l'allure puissante achève de donner à l'ensemble ce caractère de sécurité que doit offrir un établissement de ce genre », et l'hôtel de la Caisse offre une « impression d'ampleur, de clarté, [mais également] de simplicité qui doit caractériser un service public très important ». Car, pour autant, l'on en appelle aussi à la simplicité des volumes pour rappeler les services offerts par les Caisses d'Épargne à des déposants modestes que trop de somptuaire pourrait intimider. Certaines Caisses, comme au Havre, à Marvejols, ou à Chambéry,

Le gigantisme de la façade de la Caisse de Caen (ci-dessus), ou la proximité, tant spatiale que symbolique, de celle de Fécamp avec l'église Saint-Étienne (à droite), témoignent de la volonté de placer l'institution au niveau des édifices les plus symboliques de chaque ville.

préfèrent d'ailleurs sacrifier le monumental à des constructions plus discrètes, conformes à leur origine philanthropiques. Partout, le parti pris des architectes, quelle que soit la taille du bâtiment, est de rechercher le point d'équilibre entre l'éclectisme des bâtiments publics d'époque, et un caractère plus sobre déterminé par la vocation morale et sociale des Caisses d'Épargne. L'ornementation des façades, l'usage de la statuaire sont exemplaires de cette recherche d'équilibre des symboles. L'exubérance des frontons est mise au service de l'ostentatoire; à l'inverse, les motifs exposés servent la glorification de l'épargne populaire, célèbrent tempérance et prévoyance: allégorie de l'Épargne à la façon des antiques, corne d'abondance, abeilles et fourmis ornent les façades. Désormais consacrée de manière pérenne dans l'espace urbain, la présence des Caisses devient symbolique, au même titre que les autres grands services publics. L'on se rend sur la place de la Caisse d'Épargne, comme sur celle de l'église ou de la mairie, oublieux, par métaphore, de l'appellation effective des voies sur lesquelles elles ont été érigées...

Sur la façade de la Caisse de Marseille figure cette allégorie de la Prévoyance entourée de vieillards.

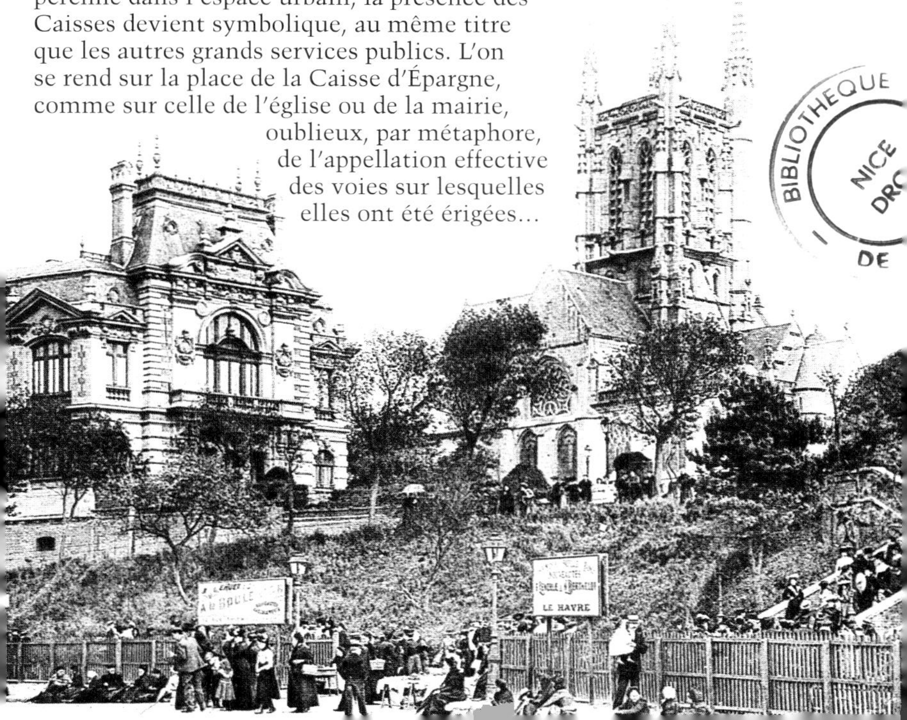

Centralisés à la Caisse des dépôts et consignations, les fonds du livret ont été mis au service de l'intérêt général de la Nation, de l'aménagement du territoire et, dès la fin du XIXe siècle, du logement social. Parallèlement, les Caisses d'Épargne, dans la logique de leur création, ont directement subventionné des actions et des œuvres à caractère social ou philanthropique, dont les paysages et les mémoires sont encore riches.

CHAPITRE 3

LA LOGIQUE PHILANTHROPIQUE À L'ŒUVRE

Restituer « une part des fruits de la prévoyance à la prévoyance même et à une amélioration du sort de ceux qui ont constitué ses fruits ». Le credo d'Eugène Rostand, directeur de la Caisse d'Épargne de Marseille, trouve sa pleine concrétisation dans l'entre-deux-guerres, notamment dans l'équipement du territoire et le logement social.

Comment employer les fonds de l'épargne populaire ?

Au cours de la seconde moitié du XIXe siècle, le volume des dépôts connaît, en Europe comme aux États-Unis, un fort développement quantitatif, alors que partout se densifie le réseau des Caisses d'Épargne qui étendent leur domaine d'intervention, en Italie ou en Allemagne notamment, où elles font du crédit. En la matière, la France fait exception car la Caisse des dépôts reste seule autorisée à gérer les fonds déposés alors que certains demandent déjà leur libre emploi par les Caisses.

« Les petits ruisseaux font les grandes rivières », souligne le proverbe. Cet adage trouve une résonance particulière lorsqu'il est appliqué à la collecte de l'épargne. Les fonds des économies particulières, aussi modestes soient-elles, vont vite représenter un montant considérable. Au milieu des années 1830, les dépôts pèsent déjà 100 millions de francs. Le cap du milliard est atteint à l'aube des années 1880, pour dépasser 6 milliards de francs à la veille de la Grande Guerre, après la création de la Caisse d'Épargne postale qui vient amplifier le mouvement initié par les Caisses privées. À quel emploi réserver ce flux, toujours renouvelé, de l'épargne populaire ?

Car cette dernière n'a pas la dialectique d'un spéculateur avisé et attentiste lorsque la Bourse est en peine. La sécurité des dépôts et leurs rémunérations à taux fixe imposent le choix de placements sans risque ; l'éventualité d'une demande massive de remboursements exige qu'ils soient rapidement et facilement négociables. L'aventure tumultueuse des emprunts russes, ou le scandale Stavisky qui éclate en 1934, plongent une nouvelle fois les petits porteurs ruinés dans le désarroi, mettant au-devant de la scène la France des « gogos », ces hommes incrédules aux économies englouties par des escrocs de la Bourse, chers à Frédéric Lemaître et à Honoré Daumier.

Pour répondre à l'exigence d'une absolue solvabilité, la Caisse des dépôts et consignations, gestionnaire unique des fonds, les place donc massivement en titres d'État. Les Caisses d'Épargne n'ont, sur ce point, aucun droit d'initiative ou de regard et ne possèdent, depuis 1837 et ce jusqu'à la Libération, qu'un rôle de collecteur. Le marché de la rente reste pour longtemps leur vecteur privilégié de placement. Les dépôts sont également investis, dès 1860, en obligations de chemin de fer qui bénéficient de la garantie de l'État, favorisant ainsi le développement ferroviaire français. Dans les années 1930, certains usages de l'argent collecté, selon une même exigence de sûreté, pourvoient plus avant au financement de la vie économique française. En 1930 et 1931, l'épargne populaire alimente ainsi les prêts consentis par les pouvoirs publics à la Compagnie générale transatlantique pour la construction du plus grand paquebot du monde : le *Normandie*.

Pour autant, la Caisse des dépôts sacrifie longtemps à l'autel de l'absolue sécurité l'utilisation plus diversifiée des fonds, lui préférant des placements d'État sans risque, au seul bénéfice d'emplois nationaux.

Le *Normandie* (ci-dessous, faisant son entrée dans le port de New York) symbolise le dynamisme de la France moderne, encouragé par la puissance publique. Il témoigne de la portée financière que revêt l'argent drainé par les Caisses d'Épargne, notamment dans l'entre-deux-guerres. Le ruban bleu a été décerné au *Normandie* après sa traversée inaugurale effectuée à 30 nœuds de moyenne (55 km/h). Il était l'emblème incontesté de la marine française : équipé des technologies les plus audacieuses, il pouvait accueillir 2200 passagers dans un cadre luxueux.

De fait, cet usage normé éloigne l'épargne de son lieu de collecte, entravant sa redistribution régionale au préjudice de ceux et celles qui en sont les premiers détenteurs.

L'aménagement du territoire

De nouvelles priorités nationales imposent, au cours de la première moitié du XXe siècle, d'infléchir la stricte politique de placement de la Caisse des dépôts. Elles permettent ainsi de réaffecter une part des deniers populaires aux territoires dont ils sont issus.

Entre 1923 et 1928, l'ère est à l'équipement de la France rurale, laissé-pour-compte de la modernisation. Réfections vicinales et adductions d'eau sont proposées à tous les hameaux, pendant que, plébiscitant la fée Électricité, priorité est également donnée à sa diffusion au cœur des campagnes. Pour ce faire, le gouvernement conclut que « [le financement de ces équipements] ne saurait revêtir la forme de subvention qui, ou bien n'atteindrait qu'un budget relativement faible, ou bien compromettrait l'équilibre du budget ».

Le développement de l'industrialisation entraîne au XIXe siècle un exode rural massif et des concentrations ouvrières dans les villes. Aucune structure n'est prévue pour accueillir les nouveaux arrivants : les familles les plus modestes s'entassent dans taudis et baraques de fortune, au cœur de quartiers sans égout. L'haussmanisation n'apporte aucun remède au problème, comme en témoigne l'état d'insalubrité des habitations des quartiers déshérités de l'Est parisien (ci-dessus, vers 1870, dans le XXe arrondissement), ou de la périphérie de la capitale.

Car il ne souhaite pas accroître la dette de l'État, déjà lourdement grevée par les réparations de l'après-guerre. Débudgétiser semble une alternative vertueuse. La Caisse des dépôts et, à travers elle, pour la première fois, une partie, encore congrue, des fonds collectés par les Caisses d'Épargne sont alors sollicitées pour accorder des prêts aux collectivités locales qui désirent réaménager leurs infrastructures. Sans le savoir, nos aïeuls doivent ainsi les premières mutations d'envergure de leur cadre de vie quotidien aux dépôts accumulés sur leurs livrets.

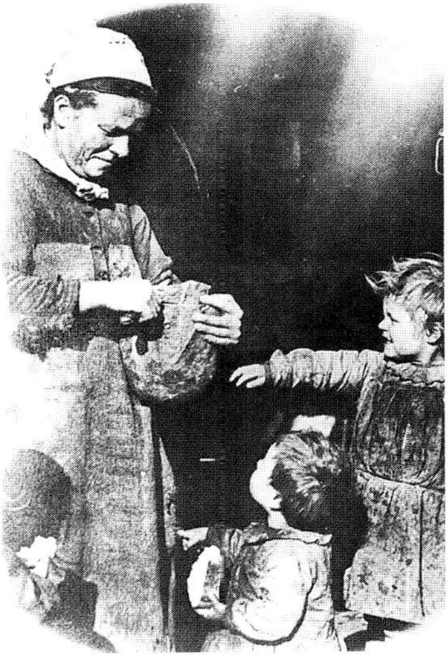

L'alimentation absorbe encore, à la fin du XIXe siècle, l'essentiel du budget des ménages les plus pauvres, et le pain près de 33 % du salaire d'un ouvrier non qualifié. Jusqu'à la Première Guerre mondiale, 10 % de la population française relève de l'assistance, et vit dans les conditions les plus précaires, qu'avivent crises économiques ou agricoles. Manger à sa faim devient alors une préoccupation quotidienne, en particulier pour une femme seule, en charge d'enfants à nourrir.

Le financement de l'habitat social

Autre alternative proposée, et non des moindres au regard de sa pérennité : l'aide aux organismes de logements sociaux à l'activité encore balbutiante. Chef de file du mouvement de la Société des habitations à bon marché (HBM), créée en 1889 afin de promouvoir la construction, pour la location ou l'acquisition, de maisons salubres et économiques, Jules Siegfried, industriel et homme politique, fait voter en 1894 une loi qui dessine le cadre institutionnel de l'habitat populaire en France. Il propose qu'une partie, au demeurant bien modeste, des fonds d'épargne gérés par la Caisse des dépôts puisse désormais être investie en prêts hypothécaires en faveur des sociétés de construction d'habitations à bon marché. Son credo : mettre fin à la lèpre des taudis, dénoncés par les hygiénistes depuis la monarchie de Juillet comme foyers épidémiques et révolutionnaires. Car il n'est nul besoin de faire le voyage à Londres et de visiter les célèbres quartiers de l'East End ou de White Chapel ; la France compte, elle aussi, son lot de misères urbaines. « Du bas jusques en haut, de la cave au grenier, tout est délabrement, méphitisme, immondice et misère », soulignait déjà le phalanstérien Victor Considérant pour décrire les logis ouvriers parisiens en 1848.

La mesure qu'il fait adopter signe la première intervention de la puissance publique dans la construction, jusqu'alors laissée à l'initiative privée. Elle célèbre également les noces du logement social avec les épargnes déposées sur le livret, qui, à plus ou moins grande échelle selon les impératifs économiques, lui seront désormais consacrées. Jusque dans les années 1920, la Caisse des dépôts, prudente gestionnaire des fonds d'épargne, n'accorde qu'au compte-gouttes des prêts aux habitations à bon marché. En l'espèce pourtant, les destructions provoquées par la Première Guerre mondiale mettent de nouveau en exergue la pénurie criante de logis urbains et l'accroissement de l'insalubrité des foyers des plus modestes.

MINISTÈRE DE L'HYGIÈNE, DE L'ASSISTANCE ET DE LA PRÉVOYANCE SOCIALES

RAPPORT

DU

CONSEIL SUPÉRIEUR DES HABITATIONS A BON MARCHÉ

La crise est d'ampleur suffisante pour justifier une politique de logement énergique. « L'une des premières tâches qui nous sollicitent est celle de résoudre non seulement le problème capital des HBM mais, en général, aussi bien à la campagne que dans les villes, le problème plus vaste et non moins urgent du logement hygiénique, sain, clair, aéré et accessible à ceux qui ne disposent que de ressources moyennes », confirme, en 1928, le président du Conseil Raymond Poincaré. Il confie cette mission au ministre du Travail de son gouvernement, Louis Loucheur, fils d'architecte roubaisien et polytechnicien de formation. Ce dernier, dont la vision se place dans la droite ligne des philanthropes du XIXe siècle, milite depuis 1920 pour la mise en place d'un ambitieux programme de constructions. Votée en 1928, la loi qui porte son nom prévoit, sur cinq ans, un financement public de grande ampleur pour l'édification de plus de deux cent soixante mille maisons à bon marché et à loyers moyens. Trois milliards de francs, prélevés sur les sommes collectées par les Caisses d'Épargne, sont avancés pour leur réalisation. Les banlieues des villes se couvrent alors dans les années 1930 d'une multitude de « pavillons Loucheur ». À Paris, sur les boulevards des Maréchaux, à l'emplacement des anciennes fortifications, érigées en 1848 et démolies en 1919, se dessine la « ceinture rose », ces immeubles de briques édifiés grâce aux efforts de l'architecte Henri Sellier.

Achevé, le programme n'est pas renouvelé après 1933. La crise a gagné la France. L'heure est à la rigueur budgétaire, puis, devant les tensions internationales, au soutien de la Défense nationale. L'expérience Loucheur, pour insuffisante qu'elle ait été au regard des immenses besoins et des aspirations nouvelles des Français, est exemplaire. Elle place l'épargne populaire au cœur du financement d'œuvres d'intérêt général, les logements sociaux, qui profitent ainsi à l'ensemble des régions. Grâce à l'emploi qui est fait de leurs fonds par la Caisse des dépôts, les déposants peuvent désormais accéder à la propriété et à l'autonomie.

Les Caisses d'Épargne, acteurs du logement social

Dans la sphère privée, et sur le terrain de la proximité, l'impulsion donnée au logement doit également beaucoup à la collaboration directe des Caisses d'Épargne. En effet, animés par un même esprit philanthropique, et des visées sociales identiques inspirées de l'économiste Frédéric Leplay, dirigeants des Caisses et promoteurs des sociétés d'habitations à bon marché régionales, quand ils ne siègent pas dans les mêmes instances, font œuvre commune.

Si les statuts des établissements collecteurs des épargnes françaises obligent à une stricte centralisation des sommes collectées, ils leur réservent toutefois une modeste marge d'initiative. En 1895, le législateur leur impose en effet, pour des raisons de sécurité, la constitution d'une « fortune personnelle », constituée des dons,

La loi Loucheur, du nom de son instigateur (à gauche), permet aux particuliers, et notamment aux populations les plus modestes, d'emprunter à l'État, à faible taux, les sommes nécessaires à l'achat d'un terrain et à la construction d'un pavillon. Toute liberté est donnée à l'aspirant à la propriété de choisir l'entrepreneur, les matériaux et le plan de sa future maison. Néanmoins, pour permettre des constructions au meilleur prix, les architectes proposent rapidement, sur catalogue (ci-dessous), des modèles standard, dont les variantes ne relèvent que du détail.

legs et subventions dont elles sont propriétaires. Cette somme initiale est augmentée chaque année de la différence (le « boni ») entre les intérêts servis par la Caisse des dépôts aux Caisses locales sur les fonds centralisés et le montant de ceux reversés aux déposants. L'utilisation de cette fortune personnelle (nature et montants) reste étroitement réglementée dans un carcan législatif longtemps vilipendé pour sa rigidité; mais elle est du ressort autonome des Caisses d'Épargne, quand bien même sa portée financière réelle se révèle souvent peu importante.

La loi consacre notamment le rôle joué par l'épargne populaire dans l'aide à la lutte contre l'habitat insalubre, en autorisant les Caisses à contribuer par elles-mêmes aux financements de logements à bon marché. La puissance publique exhorte, dans une circulaire de 1897, à une active collaboration sur le sujet : « [Les administrateurs] peuvent ainsi participer activement à une œuvre sociale de haute portée et doubler, pour ainsi dire, l'utilité de leur mission qu'ils ont généreusement assumée, puisqu'en provoquant d'un côté à l'épargne, ils font concourir, d'un autre côté cette épargne locale à l'amélioration des conditions locales du logement ouvrier. »

Dans ce domaine, elle ne fait qu'officialiser une pratique déjà initiée avant 1895. Car les liens sont plus anciens : 1886 a vu l'une des toutes premières expériences de la construction de masse en France. Elle a été menée sous la houlette de l'industriel

Le montant de la fortune personnelle de chaque Caisse d'Épargne s'enrichit, annuellement, de la différence entre les dépenses d'exploitation réelles et la somme versée par la Caisse des dépôts pour y faire face. Au regard de ce mécanisme, comme le montre le graphique ci-contre, plus une Caisse voit s'amplifier le total des dépôts sur livret qui lui sont confiés chaque année (sur la gauche du graphique), plus elle voit s'accroître sa fortune personnelle (sur la droite).
Les grandes Caisses d'Épargne, Paris, Marseille, Lyon, Bordeaux, etc., bénéficient ainsi de réserves importantes; à l'inverse, les petites Caisses ne disposent que de fortunes très modestes. Celles-ci sont employées librement par leurs conseils d'administration, comme à Lyon pour la construction d'habitations à bon marché (en haut, à gauche, un projet des premières années du XXe siècle). Malgré les choix qui leur sont offerts, la plupart des Caisses conservent l'essentiel en liquidité, la sécurité des déposants restant une priorité absolue.

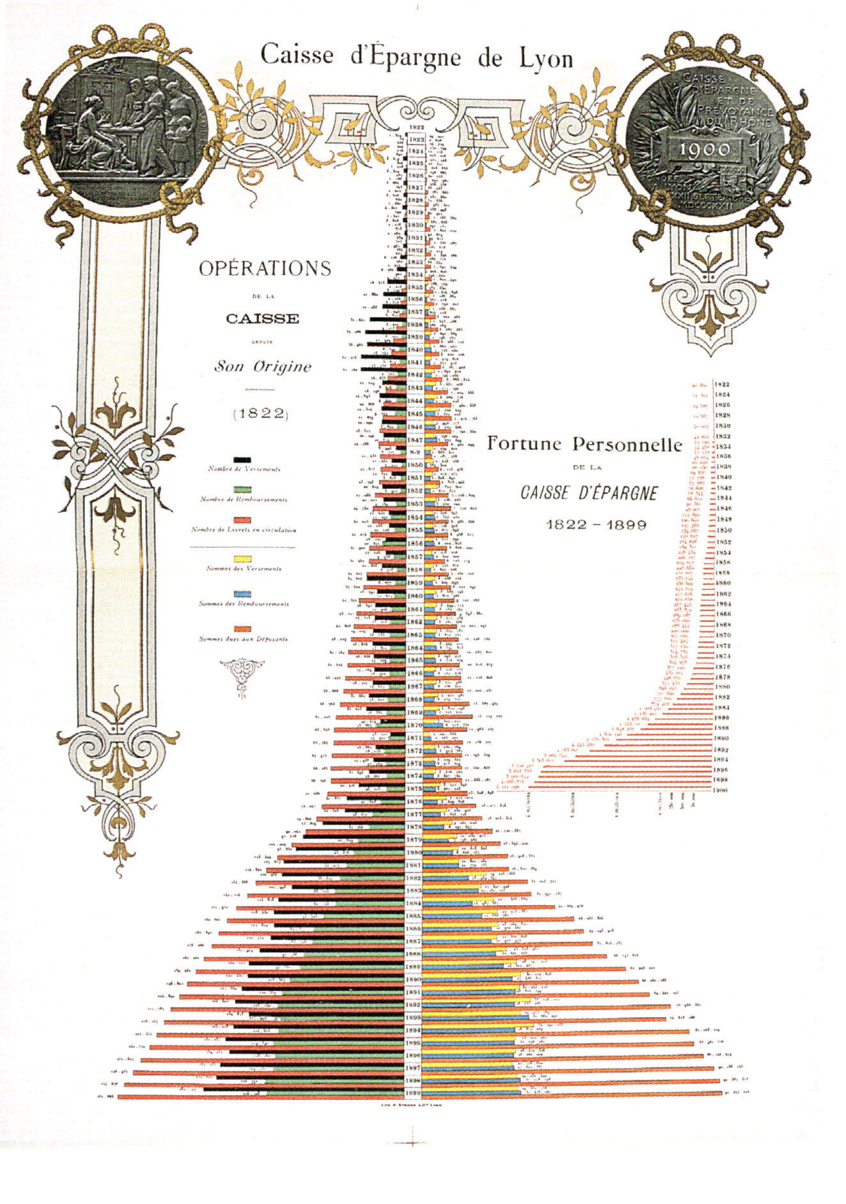
Caisse d'Épargne de Lyon
OPÉRATIONS
DE LA
CAISSE
DEPUIS
Son Origine
(1822)
Nombre de Versements
Nombre de Remboursements
Nombre de Livrets en circulation
Sommes des Versements
Sommes des Remboursements
Sommes dues aux Déposants
Fortune Personnelle
DE LA
CAISSE D'ÉPARGNE
1822 – 1899
1900

lyonnais Félix Mangini, à la fois directeur de la Caisse d'Épargne de Lyon et fondateur de la Société des logements économiques. Il a fait accorder sur les fonds propres de la première, dont l'utilisation n'était soumise à aucune réglementation, une souscription pour la seconde : « Les Caisses qui ont de forts dépôts peuvent constituer des fortes réserves. La provenance même de ces réserves indique, il nous semble, l'emploi qui doit en être fait. Véritable économie réalisée sur les déposants, elles doivent leur revenir. C'est l'ouvrier laborieux et économe, c'est le petit employé qui sont les clients ordinaires des Caisses d'Épargne, c'est au profit de cette partie intéressante de la population qu'il faut chercher à employer ces réserves. »

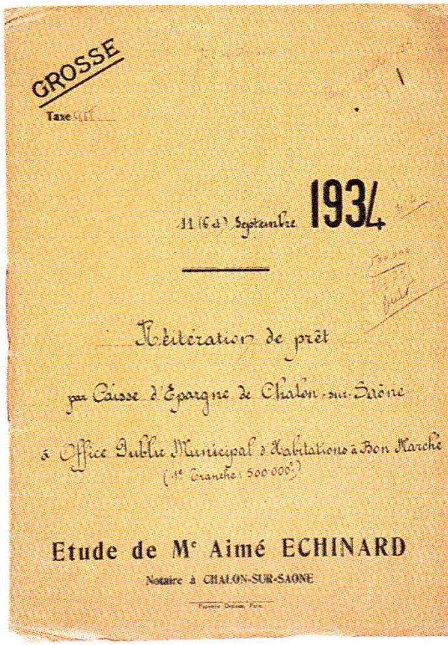

Cette innovation a suscité l'émulation de son homologue marseillaise qui, dès 1888, a financé à son tour une société de construction d'habitations ouvrières, la Société anonyme des habitations salubres et à bon marché de Marseille, et s'est attelée, pionnière en la matière, à la construction directe de maisons ouvrières individuelles dans le quartier de La Capelette, sous l'impulsion de son directeur, Eugène Rostand, père du dramaturge.

Après 1895, les Caisses s'engagent résolument dans la voie que leur ont frayée les initiatives novatrices des cités phocéenne et lyonnaise. Elles peuvent désormais légalement inscrire leur action dans le financement de projets sociaux, étape importante qui confirme et amplifie leur vocation au service des petits épargnants. En 1896 et 1897, Blois, Chartres, Troyes, Douai puis Paris se lancent, soit directement, soit par l'intermédiaire de sociétés d'HBM, dans l'odyssée du logement social. La dynamique est en marche. Et rencontre une faveur croissante dans l'opinion publique. Dans les années 1930, près d'un tiers des Caisses françaises – elles sont plus de cinq cents – participent localement, à plus ou moins grande envergure

Dès 1897, le ministère du Commerce invite les Caisses à aider financièrement les HBM, attitude qui trouvera sa pleine concrétisation entre les deux guerres mondiales : « [...] se trouvant en contact direct avec une clientèle de déposants dans laquelle se recruteraient vraisemblablement les futurs acquéreurs ou locataires des maisons à bon marché, [...] les administrateurs des Caisses d'Épargne sont mieux placés que quiconque pour susciter ou soutenir les premières tentatives et pour faciliter, par des prêts sagement consentis, la réalisation des projets correspondant à des besoins avérés. »

selon l'importance de leur fortune personnelle, au développement des habitations ouvrières et au succès de l'entreprise auprès des populations de leur commune. La chanson populaire voit ainsi peu à peu s'estomper la figure longtemps raillée de M. Vautour, propriétaire tout-puissant des taudis insalubres. Ici et là, l'éloquence régionale rend hommage, lors d'une inauguration, à l'œuvre des habitations à bon marché financée par la Caisse locale : à Béziers, un poète local lui compose une ode en provençal.

La belle aventure des jardins ouvriers

Bien plus qu'une mode, les jardins ouvriers sont une manière de vivre. Ils restent symboliques de la France de l'entre-deux-guerres, période de leur apogée ; ils bercent nos imaginaires nostalgiques, oublieux de la rigueur des conditions sociales de l'époque, d'un temps où la solidarité s'ancrait dans le plus simple des quotidiens. Instrument essentiel de leur popularisation, la Ligue du coin de terre et du foyer est fondée en 1896 par l'abbé Auguste de Lemire, député-maire

Les Caisses construisent parfois sur leur fortune propre des maisons pour famille, avec jardin, dotées d'eau courante à la cuisine, aux lieux d'aisances et au lavoir. Ces maisons sont soit données en location, soit vendues par annuités. En bas, une maison ouvrière dans l'Yonne, à Chenay, financée par la Caisse locale.

« Ainsi le père de famille n'est plus tenté de fuir un foyer malsain pour aller boire au cabaret ; les enfants ne vivent plus dans une immorale promiscuité ; ils ne désertent plus le toit paternel. Le foyer, au contraire, resserre les liens de la famille, commande le respect de l'autorité, le goût de l'ordre, de la probité, de la déférence pour les parents. »

Gely, vice-président de la Caisse de Béziers en 1900

de Hazebrouck et adepte de Frédéric Le Play. Pour ce catholique social, figure emblématique du mouvement, la culture d'un lopin de terre permet de fournir un complément alimentaire aux plus démunis. Mais elle revêt aussi des qualités morales autant que sanitaires. Les bienfaits du travail de la terre atténuent le déracinement des anciens ruraux venus travailler dans les métropoles industrielles, favorisent l'intégration sociale et l'hygiène de vie, notamment en aidant à la lutte contre l'alcoolisme. Fervent défenseur de la famille, l'abbé est aussi un militant de la première heure de la cause des sociétés de constructions ouvrières. L'élan apporté, de manière concomitante, pour le développement des habitations à bon marché et des jardins ouvriers, qui bien souvent les bordent, relève en effet d'une même idéologie et d'objectifs communs. Comme le rappellent les statuts de la Ligue, il s'agit d'« assurer la jouissance permanente et autant que possible la propriété d'un coin de terre à cultiver et d'une habitation convenable pour toute famille honnête et laborieuse ». Une loi de 1906, en autorisant les sociétés de jardins ouvriers à recevoir des prêts des Caisses d'Épargne, témoigne aussi de la filiation d'esprit qui les unit avec les institutions de collecte de l'épargne populaire. Pour preuve, le livret, à sa naissance, s'était vu paré par ses prosélytes des mêmes vertus sociales que le jardin ouvrier.

Les Caisses de Bailleul et d'Étampes se lancent sans attendre dans l'aventure, acquérant très rapidement des terrains destinés à la mise

Au Jardin l'ouvrier trouve :

1° Une occupation saine des loisirs que lui laisse la journée de huit heures. (Le jardin tue l'alcoolisme).

2° Un moyen de combattre la vie chère : Un jardin de 200 mètres rapporte à l'ouvrier 500 francs de légumes frais : le montant de son loyer.

3° Une occasion de passer ses heures de repos en famille : Le jardin et son complément, la tonnelle, sont la maison de campagne de l'ouvrier.

Section de la Ligue à Paris

Société des Jardins Ouvriers de Paris et Banlieue

SIÈGE SOCIAL : 26, Rue Lhomond

L'abbé de Lemire, créateur des jardins ouvriers, est aussi l'initiateur de plusieurs réformes sociales (allocations familiales et réglementation du travail).

en œuvre des préceptes de l'abbé de Lemire. L'initiative fait florès. Dans les années 1920 et 1930, nombreuses sont les Caisses qui y consacrent une part de leur disponibilité. Deux millions de francs sont ainsi dédiés en 1930 à l'achat ou à la subvention des jardins. Des initiatives originales complètent parfois l'acquisition de terres à cultiver. La Caisse de Nîmes, à partir de 1926, organise un concours horticole et distribue des prix aux titulaires des plus belles parcelles, récompense allouée en espèces… mais aussi en bons d'engrais! À Roubaix, en 1935, des livrets d'épargne dotés gratifient les jardiniers les plus méritants. Des fêtes réunissent notables, administrateurs de Caisses et usagers, occasion de voir défiler dans les rues des chars fleuris menés par la Reine des jardiniers.

En finançant la création, puis la pérennité de ces jardins ouvriers jusque dans les années 1950, les Caisses d'Épargne ont ainsi contribué à donner naissance à un élément original de cohésion dans un tissu urbain et social trop souvent fragilisé. Aujourd'hui, ces espaces sont de nouveau plébiscités. Dans la turbulence des transformations citadines

« Il est temps ami crois-moi de quitter / Ton air étouffant, ta lourde atmosphère / Prends donc une bêche et viens pour planter / Ton jardin à toi, ton lopin de terre / Allons lève-toi, sors de ta prison / Où ton cœur s'éteint faute d'espérance / Que le grand ciel bleu soit ton horizon / Et ton jardin et un coin de la France / Dans ton jardinet, tu verras fleurir / L'élégant bleuet au léger corsage / Avant que la fleur se puisse flétrir / Écoute son doux et joyeux langage / Tu vois, je suis bleu, bleu comme l'azur / Vers la liberté ce parfum si pur / J'élève ton cœur en ton coin de terre […]. »

Dans ton jardinet, chant des jardins ouvriers, paroles et musique de Henri Colas (couplets I et II)

DIJON
Jardins ouvrie

xposition des plus beaux légumes
Beaune, LA CERISIÈRE

et des problèmes qu'elles suscitent, ils continuent en effet comme auparavant d'offrir une alternative individuelle au quotidien, un terrain d'échanges solidaires, un lieu de transmission des savoirs et des cultures.

Bains-douches et bien public

« Le jour n'est peut-être pas si éloigné où, partout en France, il deviendra enfin naturel et aussi facile à tous de prendre un bain-douche que de changer de linge », souligne, en 1903, le secrétaire général de l'Œuvre rochelaise des bains-douches à bon marché. Car, en ce début du XXe siècle, l'eau courante, *a fortiori* la salle de bains, reste encore l'apanage des maisons bourgeoises. En 1930, seules 23 % des communes en jouissent. Les bains-douches, inventés par un médecin pénitentiaire de Rouen en 1872, qui inaugure le système dans ses établissements carcéraux, viennent pallier l'absence de structures sanitaires accessibles au plus grand nombr des médecins et économistes, grands pourfendeurs de l'insalubrité, source d'épidémie et de misère sociale. L'initiative, relayée en 1879 dans les casernes parisiennes, ne rencontre pas d'immédiat engouement. Il faut attendre 1892 pour qu'à Bordeaux soient ouverts les premiers bains-douches municipaux. Devant les fléaux de la phtisie ou du

“Notre maison vous est ouverte, usez-en largement et je suis convaincu que vous et les vôtres ne manquerez pas de proclamer l'utilité de notre œuvre. […] Mais il ne suffit pas de venir de loin en loin prendre ces soins de propreté ; il faut les répéter souvent ; il ne faut pas qu'on puisse dire de notre œuvre ce qu'on disait un jour à un inspecteur général, en lui parlant d'un établissement de bain : « Il n'est vraiment occupé que la veille du jour où le sous-préfet donne un bal […]. Ces dames de la société se décolletteront demain et, dame, il faut bien qu'elles aient les épaules, le dos et la gorge propres. »”

Extrait du discours du président de la Caisse d'Épargne d'Amiens lors de l'inauguration des établissements de bains-douches érigés dans sa ville, 1906

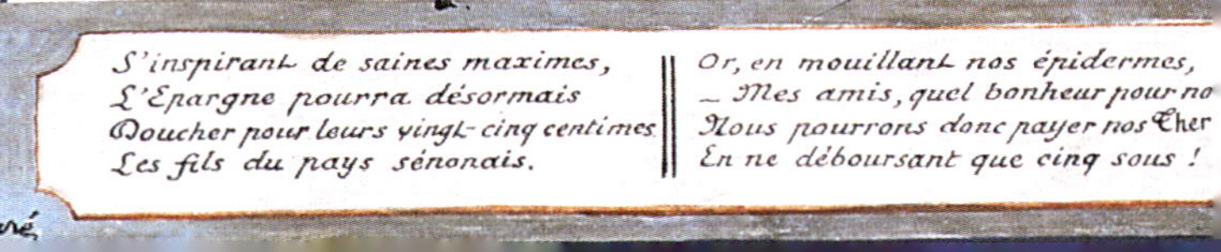

choléra, un même souci de prophylaxie guide les apôtres du logement populaire ou des jardins ouvriers et les défenseurs des bains-douches. Au creuset de l'hygiénisme social, les acteurs sont identiques et, localement, les Caisses d'Épargne tiennent souvent une place majeure dans les réflexions qui se nouent. En la matière, les bains-douches ne font pas exception.

Légalement autorisées, par la loi de 1906, à acquérir ou à financer de tels établissements, les Caisses soutiennent alors activement leur popularisation dans la France de l'entre-deux-guerres. « Cette œuvre philanthropique apportera parmi la population ouvrière et dans les classes peu fortunées les moyens économiques de se conformer à des règles élémentaires d'hygiène encore souvent trop méconnues », souligne, dès 1907, à Tarbes, le conseil des directeurs qui lance la construction d'un bâtiment parmi les premiers, après Bordeaux, ville pionnière, Amiens, Coulommiers ou Saint-Jean-d'Angély.

Les services sont ouverts tous les jours. Aux heures d'affluence, l'attente est parfois longue.

Jusque dans les années 1930, de très nombreux départements ne disposent pas encore d'administration sanitaire, et les habitations particulières sont encore souvent dépourvues du confort et de l'hygiène les plus élémentaires. Ces carences suscitent le développement de services privés, comme la mise à disposition du public d'établissements de bains-douches. Ci-dessus, l'inauguration des bains-douches de la ville de Sens en 1911. Sur l'année 1912, on y comptabilisera déjà près de treize mille douches.

En plus du bain ou de la douche, savons « flottants » ou parfumés sont proposés à la clientèle populaire de la commune. Un guide sur « la manière de prendre un bain-douche » est distribué à tout nouvel usager. Car l'œuvre n'est pas exempte de visée pédagogique. En témoigne la fréquentation des lieux par les crèches, écoles maternelles et primaires, que suscite un instituteur parfois à l'instigation d'une Caisse d'Épargne scolaire dans sa classe.

Les Caisses d'Épargne, qui en assuraient la gestion, sont quelquefois restées propriétaires de ces bâtiments jusque dans les années 1980. Leurs lignes comptables ont continué, pendant quelque temps encore, à prolonger le souvenir de cette activité, devenue bien insolite dans les passifs de gestion bancaire. Autres temps, autres mœurs, l'arrivée du confort moderne dans les appartements a en effet entraîné peu à peu leur fermeture. Il ne subsiste que quelques façades pour affermir la mémoire locale.

"Se déshabiller complètement et rapidement dans le premier compartiment de la cabine ; entrer dans le cabinet douche contigu ; saisir la manette disposée sur le cadran indicateur gradué, faire avancer l'aiguille sur l'eau chaude, laisser couler pendant quelques secondes la première eau contenue dans l'appareil. Ensuite régler la température de l'eau [...]. La douche froide prolongée est nuisible. Les personnes qui, malgré tout, ne se servent que de l'eau froide doivent, avant la douche, se livrer à des exercices physiques..."

Extrait d'un prospectus remis aux usagers à leur arrivée dans un établissement de bains-douches (ci-dessus), celui de Joigny.

Les Caisses d'Épargne au cœur de l'engagement local

Prolongeant leur engagement dans d'autres domaines, les Caisses d'Épargne s'imposent, par les actions sociales qu'elles soutiennent localement dans la première moitié du XXe siècle, comme un acteur économique de proximité irremplaçable. Dès 1850, elles avaient, sur leurs fonds propres, offert quelques aides ou subventions à des causes philanthropiques multiples. L'octroi de bons de pain, de viande ou tout autre subside alimentaire pour les plus démunis, de couvertures ou de bons de charbon lors des hivers rigoureux, l'achat de lits dans les hospices pour des indigents accidentés ou des vieillards démunis, l'attribution d'allocations pour l'aide à la famille, pour l'assistance à la femme ou à l'enfant en difficulté étaient ancrés dans la pratique de la plupart des établissements. En codifiant l'utilisation de la fortune personnelle en 1895, la loi a mis juridiquement fin à ses libéralités. N'en déplaise au légaliste, les pratiques se sont perpétuées localement, dérogeant passivement ou enfreignant ouvertement cette interdiction. Les archives abondent en échanges de lettres, au ton parfois vif, témoignant des controverses sur ces questions entre les pouvoirs publics et les Caisses. L'on peut ainsi lire, sous la plume d'un directeur en 1902 : « À l'heure où les ennemis du gouvernement et du régime républicain essayent par une campagne perfide de jeter le discrédit sur les institutions nationales d'épargne, le retrait de la tolérance accordée jusqu'ici relativement à ces distributions charitables [bons de pain] ne manquerait pas d'être exploité avec profit par nos adversaires. »

Les circonstances de la Première Guerre mondiale infléchissent l'intransigeance du législateur, tout autant, sans doute, que l'intangibilité des usages de terrain. De nouveau autorisés à concéder des libéralités, sur une partie de leur « boni », les établissements dépositaires de l'épargne populaire voient ainsi, dès 1914, se concrétiser, dans les textes, et s'étendre, en pratique, leur domaine d'intervention dans des actions d'intérêt général. Œuvres de solidarité nationale, de prévoyance, d'hygiène sociale, d'assistance ou de bienfaisance, le champ qui leur est ouvert est large.

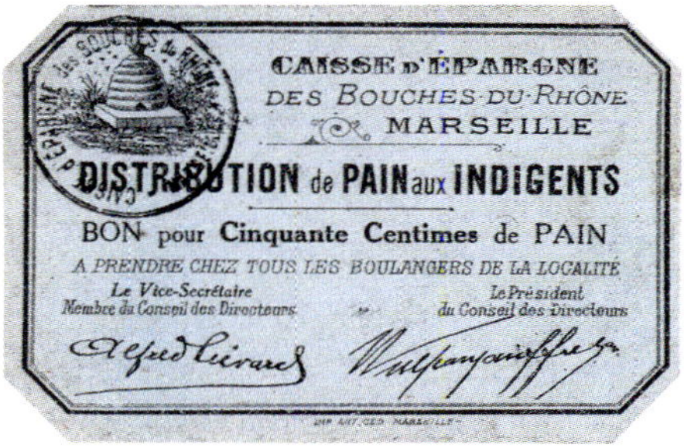

La Caisse d'Épargne des Bouches-du-Rhône instaure, dès 1854, la formule du bon de pain. Imprimé par l'établissement lui-même, le bon fait office de jeton de présence, pour récompenser ses administrateurs de leur assiduité, mais sans caractère de rémunération puisqu'ils les distribuent aux pauvres. Aux yeux des nécessiteux, comme à ceux des commerçants, le bienfaiteur qui dispose de bons de la Caisse d'Épargne est investi d'une nouvelle respectabilité. Cet épisode témoigne de l'attachement porté au caractère nominatif de l'aumône. La pratique du bon de pain, mais aussi de viande ou de charbon, n'est pas l'apanage de Marseille. D'autres Caisses popularisent ces bons, mais elles les distribuent directement aux plus démunis. Leurs administrateurs reçoivent quant à eux des jetons de présence rémunérés.

La réalité ne l'est pas moins, à l'image des spécificités locales. Jacques Prévert aurait sans doute pu y puiser les éléments pour un inventaire, mêlant la toponymie des communes françaises au miroir des misères sociales de l'époque. De très nombreux organismes vont ainsi bénéficier des aides accordées par les Caisses d'Épargne dans l'entre-deux-guerres. Mais la multiplicité de leur dénomination ou de leur raison sociale ne doit pas faire oublier qu'ils s'emploient tous à des luttes similaires contre les différentes formes que revêt alors l'exclusion.

Au miroir des libéralités octroyées localement par les établissements dépositaires de l'épargne populaire peuvent sans doute se jauger les urgences de l'époque, les réflexions qui se font jour pour y remédier, les instruments dont dispose le corps social pour les infléchir. De nombreuses subventions sont ainsi dédiées à la protection maternelle et infantile ou à l'assistance de la famille nombreuse, en réponse aux préoccupations natalistes de l'après-guerre : dons de livrets pour les enfants, aides accordées aux pouponnières et crèches, aux dispensaires pour les nourrissons et leurs mères, aux « œuvres des gouttes de lait ». Les Caisses participent également au financement de multiples associations de protection sociale : assistance en cas de chômage ou de maladie, secours aux invalides ou aux vieillards, soupes populaires, etc. Car l'insuffisance des revenus, une culture ouvrière peu encline au principe de la prévoyance individuelle, un développement imparfait de l'assurance libre sont autant de facteurs de précarité des plus humbles, en l'absence de toute sécurité sociale généralisée. Dans le domaine sanitaire, les Caisses soutiennent par ailleurs différents organismes préoccupés

La question de la retraite et de l'assurance-vie, au cœur des préoccupations des fondateurs des Caisses d'Épargne françaises, conserve toute son actualité au début du XXe siècle. En 1900, hormis les fonctionnaires, seuls 12 % des salariés sont couverts par un dispositif collectif. Le livret d'épargne reste encore, en témoigne cette illustration, un placement privilégié pour assurer les vieux jours.

de santé publique et d'hygiénisme : associations de lutte contre l'alcoolisme ou la tuberculose, subventions aux hôpitaux et sanatoriums, dons à l'Institut Pasteur, aux laboratoires antibactériologiques. Les ravages de la grippe espagnole ou de la phtisie ont en effet marqué durablement les esprits. La Grande Guerre a également suscité – promiscuité et affaiblissement des organismes favorisant l'apparition des épidémies – des sollicitudes prophylactiques.

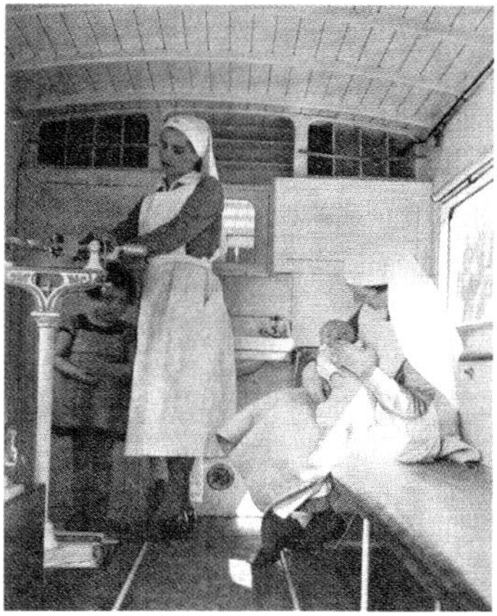

En 1933, préoccupée par la grande mortalité infantile dans les campagnes, la Caisse d'Épargne du Rhône organise, dans les communes dépendant de ses succursales, un service motorisé de « visiteuses de l'enfance » qui apportent aux mères et aux jeunes filles des conseils d'hygiène et de puériculture.

Certes, au tournant des années 1930, de nouvelles institutions publiques sont mises en place : elles consacrent un système élargi de protection individuelle (allocations familiales, maladie, vieillesse, invalidité, maternité) ; elles signalent également une vigilance nouvelle de l'État pour les problèmes de santé publique. Pour autant, la réalité témoigne encore de l'importance des actions menées par les acteurs privés dans la sphère sociale, qui prolongent, souvent après les avoir anticipées, celles menées par les organismes publics. Acteurs de proximité, il revient aux dépositaires de l'épargne populaire d'avoir su répondre aux sollicitations locales d'une partie de leurs déposants, ceux-là mêmes qui n'avaient souvent pour seul instrument de protection que les économies de leur livret.

De la naissance à la mise en question de l'État providence, la France a connu, depuis la fin de la Seconde Guerre mondiale, des transformations considérables, tant dans la sphère privée, que dans le domaine public. La question de l'épargne populaire est à la confluence des différentes évolutions sociales, structurelles, économiques et financières de notre société. Elle se trouve de nouveau questionnée quand de nouvelles incertitudes se font jour.

CHAPITRE 4

LE TEMPS DES MÉTAMORPHOSES

«Ce qui commence avec la formidable croissance économique des années 1950 est une tout autre aventure : c'est un nouveau chapitre de l'histoire des Français et de l'argent.»

François Furet
La Nef, n° 65, 1977

De nouveaux visages de l'épargne

Les campagnes publicitaires des années 1960 témoignent de l'émergence d'une mentalité utilitariste, marquée par les achats d'impulsion et par l'appel au crédit. Puiser dans son livret pour des dépenses d'agrément (loisirs, vacances) n'est plus signe de dilapidation. Le modèle de la fourmi de la fable, l'édification patiente d'un patrimoine pierre à pierre grâce au labeur, qui scandait les discours des Caisses d'avant-guerre, est désormais lettre morte.

Octobre 1945 : la création de la Sécurité sociale redistribue les cartes de la prévoyance. Inspiré du Welfare State britannique, le système comprend l'assurance maladie, l'indemnisation des accidents du travail, les allocations familiales et les retraites, puis peu à peu l'indemnisation du chômage. Le principe posé est celui de la répartition et, initialement du moins, celui de la caisse unique. Désormais, selon le préambule de la Constitution : « La Nation assure à l'individu et à la famille les conditions nécessaires à leur développement. Elle garantit à tous, notamment à l'enfant, à la mère et aux vieux travailleurs, la protection de la santé, la sécurité matérielle, le repos et les loisirs. » Ainsi peut s'apaiser la hantise des lendemains incertains, qui avait poussé les populations les plus modestes à réserver une partie de leur salaire pour pourvoir aux temps de disette, de maladie ou aux vieux jours. Le livret d'épargne cesse d'être un outil de prévoyance.

Avec l'expansion économique, les Trente Glorieuses inaugurent un nouveau mode de vie. Les Français se lancent dans la consommation des biens et services, qui progresse de 40 % de 1950 à 1957. La hausse régulière du pouvoir d'achat ne peut seule expliquer cette explosion : la France économe et sage entend en effet moins se priver. Toutes couches sociales confondues, elle s'habitue peu à peu à vivre avec l'inflation et avec le flot, toujours renouvelé, des produits de consommation, dans les secteurs automobile et ménager notamment, qui lui sont chaque jour proposés de manière ostentatoire par la publicité. Moins encline à épargner une monnaie rapidement dépréciée, elle fait de plus en plus appel à l'emprunt pour satisfaire sa soif d'acquisition.

Consommer à tout prix

Autant sociale qu'économique, la révolution du crédit marque un point de rupture idéologique. « Les thèmes de la dépense, de la jouissance, du non-calcul (achetez maintenant, vous paierez plus tard) ont pris la relève des thèmes puritains de l'épargne, du travail, du patrimoine », témoigne Jean Baudrillard. L'épargne perd

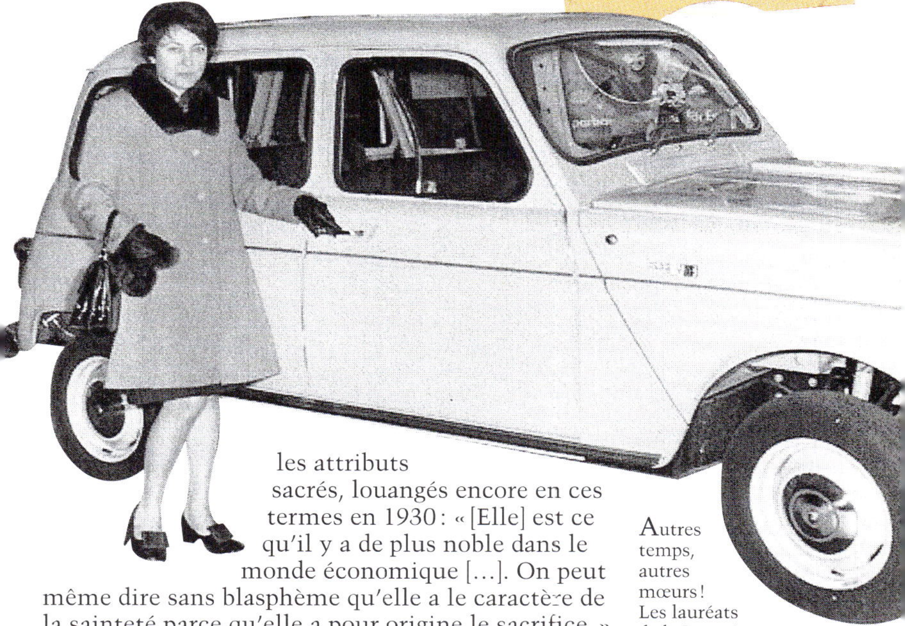

les attributs sacrés, louangés encore en ces termes en 1930 : « [Elle] est ce qu'il y a de plus noble dans le monde économique [...]. On peut même dire sans blasphème qu'elle a le caractère de la sainteté parce qu'elle a pour origine le sacrifice. » Devenu une technique financière de la vie courante, et non plus une mystique, l'acte d'économie revêt désormais une finalité matérielle banale, n'engageant plus comme avant l'existence et l'avenir de l'individu. Instrumentalisé, il perd ses qualités vertueuses et salvatrices.

Autres temps, autres mœurs ! Les lauréats de la Journée mondiale de l'épargne de 1964, hier encore récompensés en livrets dotés, se voient offrir des objets de consommation, comme ici la Renault 4L.

Au service de la reconstruction et de la modernisation

Certes la création de la Sécurité sociale garantit désormais plus de sérénité à l'avenir individuel, mais, au sortir de la Seconde Guerre mondiale, la France est à bout de souffle. Les destructions massives touchent l'ensemble des départements ; les infrastructures de l'appareil de production, quand elles ne sont pas hors d'usage, sont obsolètes ; le marché est disloqué, l'économie fragilisée, les finances publiques exsangues ; l'inflation s'installe. L'urgence est à la reconstruction puis à la modernisation d'une France que l'on souhaite plus solidaire pour l'avènement d'une véritable démocratie économique et sociale.

Au cœur des outils financiers désignés pour réaliser cette utopie généreuse : l'épargne populaire. En effet, au XIXe siècle, et jusque dans l'après-guerre, les fonds des livrets français, placés, pour leur majeure partie, par la Caisse des dépôts en rentes sur l'État, ont servi de fait à l'amortissement de la dette publique. Or, l'importante dépréciation monétaire de la fin des années 1940 soulage les finances du poids de cette dernière. Les sommes collectées sont désormais disponibles pour une autre utilisation. Les impératifs du relèvement du pays dictent vite de nouvelles opportunités de placements. L'épargne

Présenté en 1947, le premier plan de modernisation et d'équipement de Jean Monnet distribue la contrepartie de l'aide américaine du plan Marshall. Il accorde une priorité à l'appareil productif de base et au rétablissement des infrastructures : électricité, charbon, acier, ciment, transports ferroviaires, ports et matériels agricoles.

populaire se voit désormais très largement investie dans le financement de l'aggiornamento des régions françaises, qui aspirent à profiter des mutations d'un monde promis au mieux-être. Dès 1948 et jusqu'à la fin des années 1970, près de 50 milliards de francs sont ainsi prêtés, chaque année, aux collectivités locales pour pourvoir, en plus des subventions d'État, aux financements des infrastructures et des équipements collectifs à la mesure des progrès techniques et sociaux de l'époque : travaux de voirie urbaine, adduction d'eau, construction de bâtiments administratifs, de réseaux de transports urbains (métro, tramway, etc.). Cette manne financière est ainsi dévolue aux grands travaux d'aménagement du territoire édictés par un État providence qui, au travers de la planification, entend faire profiter tous, et partout, des prérogatives d'une époque nouvelle. La Caisse des dépôts, qui centralise les fonds d'épargne et les gère, reste, comme auparavant, au centre des opérations qui se nouent au fil de ces dispositifs : on la surnomme la « Banque du Plan ».

À la Libération, nombre de villes pansent leurs plaies, offrant le spectacle d'une France de décombres et de chantiers : 450 000 logements détruits et 1,6 million endommagés, soit un cinquième du parc existant en 1939. Sinistrée à 60 % par les bombardements et les incendies de mai 1940, Amiens libérée est un champ de ruines (ci-dessous). La reconstruction du quartier de la gare, qui jouxte la cathédrale, est confiée à l'architecte Auguste Perret.

Mais les Caisses d'Épargne se voient, dans cette même période, investies d'un rôle inédit. Une loi votée en 1950, à l'instigation de son promoteur, Jean Minjoz, député-maire de Besançon, leur reconnaît un droit d'initiative sur une partie des sommes qu'elles collectent sur le livret A. Elles sont désormais autorisées à les employer en prêts bonifiés aux collectivités et aux organismes publics, comme les Caisses d'Alsace et de Lorraine qui les distribuent depuis le début du siècle, héritières de la législation allemande dont elles ont bénéficié de 1870 à 1918. Cette pratique leur permet d'acquérir une première expérience dans la distribution directe du crédit. Désormais, l'épargne locale peut aider pleinement, et sur une vaste échelle, au financement local. Une tâche immense s'ouvre aux Caisses. Tout est à réinventer. Partenaires de proximité, elles sont alors sollicitées financièrement par les municipalités qui aspirent à profiter de l'expansion : électrification de l'île d'Ouessant ou de la commune de Chevinay, mise en place du tout-à-l'égout à Vernaison, édification du stade municipal de La Source à Orléans ou de la bibliothèque municipale à Mulhouse, construction d'une école maternelle à Beaune, de l'hôpital Saint-Philibert de Lomme, aménagement des aéroports de Bron, Toulouse-Blagnac, Lille-Lesquin ; plus récemment participation à la construction des

Les prêts consentis sur l'initiative des Caisses d'Épargne, grâce à la loi Minjoz, recouvrent les secteurs les plus divers. En témoigne ce buvard (ci-dessous) qui informe les déposants des multiples réalisations locales d'intérêt général effectuées grâce à leurs épargnes : logements sociaux, infrastructures scolaires et sanitaires, ou encore réseaux de voirie urbaine (en bas, à droite).

métros de Lyon ou de Rennes, etc. D'un côté, l'État organise et finance, grâce aux fonds d'épargne, de grands chantiers nationaux structurants ; de l'autre, les Caisses, capables d'apprécier les urgences et les priorités de terrain, distribuent des prêts spécifiques à très long terme, répondant à des demandes géographiquement plus circonscrites. Ce soutien à grande échelle et dans des conditions privilégiées de l'équipement collectif et du développement local prend fin au début des années 1980. L'abandon progressif des aides à taux préférentiels, au profit de prêts banalisés, annonce la fin d'une époque. Une autre lui succède marquée par la volonté des pouvoirs publics de faire la part belle aux marchés financiers, au détriment des réseaux spécialisés et financements privilégiés.

À gauche, on inaugure, à Dijon, sous la présidence du chanoine Kir, député-maire de la ville, un abri-bus financé par la Caisse d'Épargne locale, emblème d'une France moderne redessinée et revitalisée par les transports.

Logement : priorité nationale !

Un changement de sigle inaugure les années 1950 pour l'habitat social. Depuis 1889, les vocables ont changé de signification. Les « habitations à bon marché » se dénomment désormais « à loyer modéré » (HLM). L'enseigne n'est plus la même. La réalité, elle, dans un contexte de pénurie préoccupant, renforcé par l'exode rural, en appelle à l'urgence. Laissé-pour-compte de la reconstruction, le logement social n'a connu que peu d'améliorations depuis la Libération. La machine productive, sollicitée ailleurs par les impératifs

du Plan, répond peu aux demandes, mesurant sans doute mal les conséquences financières et humaines de son attentisme.

Un fait divers de janvier 1954 – la mort de froid d'un enfant – sert de révélateur tragique à cette situation. Renforcé par le mouvement d'opinion créé par l'appel de l'abbé Pierre, le logement devient alors la priorité nationale. En 1957, dans une série d'articles au titre évocateur « Logement : notre honte », le quotidien *Le Monde* constate encore l'importance de la pénurie, que viendra amplifier, en 1962, le retour dans l'Hexagone de plus d'un million de rapatriés d'Algérie : « Les pouvoirs publics demeurent, certes optimistes, car on construit. Mais pas assez vite, et trop cher pour les plus mal logés. L'opinion se lasse des promesses inconsidérées et des résultats décevants. »

Remède à l'urgence, les grands ensembles se généralisent alors dans l'enthousiasme des Trente Glorieuses. L'habitat social se réinvente au creuset des nouvelles normes urbanistiques. Le confort moderne (salle de bains, chauffage central, eau courante, ascenseur, etc.) est désormais accessible à tous, forçant les enthousiasmes. « On quittait les taudis pour s'installer dans des constructions modernes, conçues selon les normes d'hygiène

En 1965, on dénombre encore quatre-vingt-neuf bidonvilles aux portes de Paris. Celui de Nanterre (ci-dessous, au premier plan) se développe à partir de 1946 et ne sera résorbé qu'en 1971. Pour éradiquer ces îlots insalubres, qui subsistent en périphérie des grandes villes, des emprunts publics sont lancés (ci-dessus). C'est le temps des « HLM ».

strictes. Il faut se souvenir de ce qu'était l'espace ouvrier jusque dans les années 1930 : une pièce enclose d'un mur capable de contenir un lit, c'était la définition légale… Alors les HLM…, c'était le paradis ! », se souvient un conseiller municipal de La Courneuve, habitant de la Cité des 4 000.

L'ère est à l'industrialisation et à la productivité. Les fonds collectés sur le livret A contribuent alors puissamment au financement du nouveau défi lancé à l'habitat social, le gouvernement prônant, dès la fin des années 1950, la rigueur budgétaire pour lutter contre la fièvre inflationniste. Par le biais des prêts Minjoz, les Caisses d'Épargne vont également directement s'impliquer auprès des opérateurs locaux.

Pour la première fois de leur histoire, les classes populaires françaises peuvent bénéficier du confort que les hygiénistes appellent de leurs vœux depuis un siècle. Christiane Rochefort le raconte dans *Les Petits Enfants du siècle* : « Maintenant notre appartement était bien. Avant, on habitait dans le 13ᵉ, une seule chambre avec l'eau sur le palier. […] On avait une salle d'eau, la machine à laver était arrivée quand les jumeaux étaient nés, et une cuisine-séjour où l'on mangeait. »

Las ! L'utopie des « cités radieuses » ne résiste pas à la crise économique et aux réalités quotidiennes des grands ensembles, pas plus, sans doute, que celle des villes nouvelles construites après 1970. L'isolement des sites, la présence en leur sein d'une population démunie en ont fait le lieu d'une véritable exclusion urbaine. La réalité n'est certes pas la même aujourd'hui. La plupart des déficits quantitatifs de logements ont été réduits ; la décentralisation des politiques publiques, comme l'évolution des conditions de concurrence imposées par la libéralisation des rapports économiques, ont renouvelé les opérateurs de l'habitat social. Mais de nouvelles urgences s'imposent à l'État devant l'extension du chômage, la naissance de foyers d'insécurité dans les villes, la marginalisation des familles et la fragilité des foyers. Clef de voûte du dispositif, l'épargne collectée sur le livret A reste essentielle à la poursuite d'une politique

volontariste de lutte contre l'insécurité, l'exclusion sociale, économique et culturelle. Centralisée à la Caisse des dépôts, elle est, depuis 1991, réservée à l'usage exclusif de la construction ou de la réhabilitation de logements locatifs sociaux, à l'habitat des populations fragilisées (personnes âgées, handicapées, jeunes en insertion) et à la politique de la ville. L'organisation de ce financement privilégié, qui adosse une épargne de sécurité à un investissement d'intérêt général – la rémunération du livret déterminant le taux des prêts proposés aux organismes HLM –, permet de garantir l'équilibre et la pérennité du système.

L'ère de la concurrence bancaire

La période des Trente Glorieuses augure une nouvelle ère pour la sphère bancaire. En quelques années, les extraordinaires mutations qui se font jour en modifient les contours, en transforment les enjeux, en renouvellent les acteurs. En effet,

Les logements sociaux construits des années 1950 aux années 1970 sont devenus des symboles de précarité, d'insécurité et de mal-être. Le problème est si grave qu'un remède radical est parfois envisagé : la démolition des groupes immobiliers obsolescents (ci-dessous, à Saint-Étienne, l'implosion en 2000 de la « Muraille de Chine » construite en 1965).

si la création des banques de dépôt s'est trouvée encouragée sous le second Empire – création, en 1863, de la Société générale, du Crédit Lyonnais, du Crédit industriel et commercial –, leur clientèle n'a recoupé, jusque dans l'après-Seconde Guerre mondiale, que très partiellement celle que drainent les Caisses d'Épargne puis, à partir de 1881, la Caisse d'Épargne postale. Pour la plupart nationalisées à la Libération, elles constituaient un secteur cartellisé où l'on évitait la concurrence et n'avaient guère augmenté le nombre de leurs guichets de 1945 à 1960.

À partir de 1965, les données changent. L'essor du Marché commun, les effets de la décolonisation, l'arrivée sur le marché du travail des enfants du baby-boom mettent en évidence les besoins énormes de l'économie, dans un monde aux mutations rapides. La poursuite de l'expansion imposant un effort considérable d'investissement auquel l'État, par le biais du Trésor, ne peut désormais satisfaire seul, c'est au concours des banques que l'on fait appel. Leur donner un nouveau dynamisme, notamment dans la collecte des dépôts, devient nécessaire pour faciliter leur intervention dans l'économie. À cette fin, sont votées les lois Debré de 1966-1967. Elles atténuent sensiblement la séparation entre banques d'affaires et de dépôts, modifient, en les élargissant, leurs champs d'action, libéralisent la création de guichets et des nouveaux modes de paiement. L'ère de la concurrence s'ouvre. Les banques font preuve d'une ardeur nouvelle : en quelques années, elles doublent le nombre de leurs

Dès le milieu des années 1950, les pouvoirs publics incitent les Français à acquérir leur propre logement. De nouveaux instruments financiers sont mis en place. Des formules à l'usage exclusif des Caisses d'Épargne proposent alors un accès au crédit immobilier avec épargne préalable (à gauche, une affiche promotionnelle). Depuis 1966, ce type de crédit est distribué par l'ensemble des banques françaises sous le nom d'« épargne logement ». Avec ce nouveau produit, les Caisses d'Épargne élargissent leur offre, longtemps limitée au seul livret. En 1971, l'entrée à grande échelle des Caisses dans l'ère du crédit aux particuliers, avec notamment le prêt à l'habitat – sans épargne préalable –, témoigne d'un nouveau tournant qui augure d'une période de mutations sans précédent.

guichets. Ce faisant, elles viennent directement concurrencer les Caisses d'Épargne sur le terrain de la proximité. La démarche adoptée vise également à fidéliser le client en lui apportant une gamme complète de produits (dépôts à vue, produits d'épargne, crédits, services, etc.), terrain sur lequel les Caisses sont encore limitées. L'irruption d'une activité publicitaire bancaire de grande ampleur confirme aussi les nouvelles stratégies commerciales mises en place par les établissements pour s'attacher une clientèle de plus en plus bancarisée depuis les accords de Matignon de 1968, sous l'effet de la mensualisation des salaires et de l'obligation de les verser sur un compte bancaire.

Les métamorphoses de l'Écureuil

Pour l'Écureuil, dû au crayon de Benjamin Rabier, qui est devenu depuis 1950 l'emblème des Caisses d'Épargne, l'heure est à la métamorphose, sous peine de disparaître sous les coups de boutoir de la concurrence. Le temps de la diversification des activités débute. Avec l'épargne logement, le livret supplémentaire naît en 1966, sonnant le glas de la monoculture de son aîné défiscalisé, qui pour s'en différencier prend alors le nom de livret A. Les SICAV en 1966, puis le compte chèque en 1978 confirment la mue du réseau qui dans le même temps s'ouvre au crédit, notamment à celui des particuliers dès 1971. L'apprentissage du métier de banquier à part entière trouve sa consécration en 1983, date à laquelle les Caisses d'Épargne réformées deviennent établissements de crédit. La loi de 1984 entérine leur transformation en institutions financières de plein exercice.

L'époque est alors au regroupement et à la fusion. Cinq cents Caisses autonomes en 1965, près de deux cents encore dans les années 1980, trente-quatre seulement en 1992. Tout à la modernisation bancaire de leur image, et à la restructuration de leur enseigne, elles délaissent pour un temps le financement local d'initiatives solidaires, leur préférant souvent des activités de mécénat plus classique, dont la Fondation Belem reste la figure de proue.

Le bureau central des Caisses d'Épargne lance en 1942, à l'initiative de son directeur adjoint, René Laurent, revenu de captivité, un concours de contes et nouvelles destiné à encourager les vertus de l'épargne, ouvert aux prisonniers de guerre français en Allemagne. Le conte de William Bate, *Didy et Racassot*, reçoit le premier prix. L'écureuil du récit est adopté comme emblème des Caisses d'Épargne, supplantant la ruche, symbole de nombreuses Caisses d'avant-guerre.

Les mutations de l'Écureuil sont ainsi marquées au sceau d'une spectaculaire concentration structurelle, et d'un élargissement de son champ d'activité. En quelques décennies, les Caisses d'Épargne ont acquis le statut de grand groupe financier décentralisé, adapté au exigences des métiers bancaires modernes, proposant, à l'instar des établissements concurrents, une gamme de services et produits diversifiés et innovants. Le chemin parcouru en quelque trente ans, et qui les porte aujourd'hui au niveau des toutes premières banques de France, est considérable. La loi de réforme de 1999, en leur octroyant le statut coopératif, leur a offert en effet de nouvelles opportunités de développement, alors que les banques françaises se devaient de nouveau d'accomplir de considérables efforts pour renforcer leur compétitivité, améliorer leur rentabilité

Le 29 octobre 1991, pour consacrer le nouveau schéma d'organisation des Caisses d'Épargne, un nouveau logo est choisi (ci-dessus). À l'image de la diversification des activités et des produits proposés par la Caisse d'Épargne, son style « high tech » se fait l'écho de la technicité, de la compétence et de la modernité du « Groupe Caisse d'Épargne ».

Proximité, conseil, innovation : maîtres mots d'une entité bancaire diversifiée et dynamique qui entend sans cesse élargir la gamme de ses produits et prestations pour répondre aux attentes multiformes de ses clients, particuliers et professionnels. Lancé en avril 2001, le portail Internet de l'Écureuil permet à l'internaute d'accéder à ses comptes, avec « banque à distance », mais aussi de consulter des produits récents et de naviguer dans les pages de la région qui l'intéresse. *La Tribune* du 10 septembre 2003 (ci-dessous) rappelle : « "Il y a vingt ans, on n'aurait pas donné cher de l'Écureuil." Lâchée par un vétéran des Caisses d'Épargne, cette boutade résume le chemin parcouru par un groupe qui, il y a encore vingt-cinq ans, n'était pas autorisé à ouvrir de compte chèque. L'Écureuil s'est réformé et rationalisé [...] pour rattraper son retard dans un marché devenu très concurrentiel. »

et rester présentes dans le concert mondial. Désormais troisième pôle bancaire français, premier à l'outre-mer, et banque universelle, le Groupe Caisse d'Épargne, nourri d'ambition européenne et d'ouverture à l'international, entreprend, à travers différents partenariats, fusions ou acquisitions, d'intervenir sur une gamme globale de métiers (banque de détail, de financement et d'investissement, assurance, etc.).

Lutter contre l'exclusion

De nombreuses mutations technologiques, sociales et politiques ont marqué les dernières décennies du XXe siècle, transformant les comportements de chacun, bouleversant les repères spatiaux, temporels ou financiers, autant que ceux de la sphère privée. Face au déclin de l'« État

providence », d'aucuns se trouvent aujourd'hui questionnés sur un avenir individuel aux contours plus flous que par le passé. Le chômage et la diminution des systèmes de protection sociale redonnent peu à peu jouvence à la prévoyance individuelle et à l'épargne, redevenue un outil de protection privilégié.

L'entrée dans le nouveau millénaire augure une période d'incertitude nourrie d'individualisme

au troisième rang des banques françaises

d'Epargne s'invitent des grands

et marquée par de nouvelles formes d'exclusion. La lutte contre cette dernière, dans ses différentes acceptions, devient une préoccupation centrale de la société civile comme de la puissance publique. La loi du 29 juillet 1998 en fait d'ailleurs « un impératif national fondé sur le respect de l'égale dignité de tous les êtres humains et une priorité de l'ensemble des politiques publiques de la nation ». Aux visages protéiformes de l'exclusion, les causes et les réponses sont multiples,

Créée par un décret du 11 avril 2001, la Fondation Caisse d'Épargne pour la solidarité s'inscrit dans le droit fil de l'engagement sociétal mené par les Caisses d'Épargne, notamment auprès de celles et ceux qui rencontrent dans leur vie quotidienne les difficultés les plus grandes. La Fondation, dont la vocation principale n'est pas de conduire directement l'exécution de ses programmes, remplit cependant ce rôle dans les secteurs médico-social et sanitaire, au sein d'une mission spécifique. Elle a en effet hérité des activités de l'Association nationale service senior Écureuil (ANSSE) fondée en 1992 pour concrétiser la lutte engagée par les Caisses contre la dépendance et l'exclusion sociale. Cette association avait construit, pour répondre à sa mission, des établissements pour personnes âgées ou handicapées, puis mis en place un programme de soutien pour permettre le maintien à domicile de celles qui le souhaitaient. La Fondation assure ainsi la gestion d'un réseau de trente-quatre établissements qui couvrent l'ensemble du territoire français et des DOM (ci-dessus, une maison de retraite en Martinique).

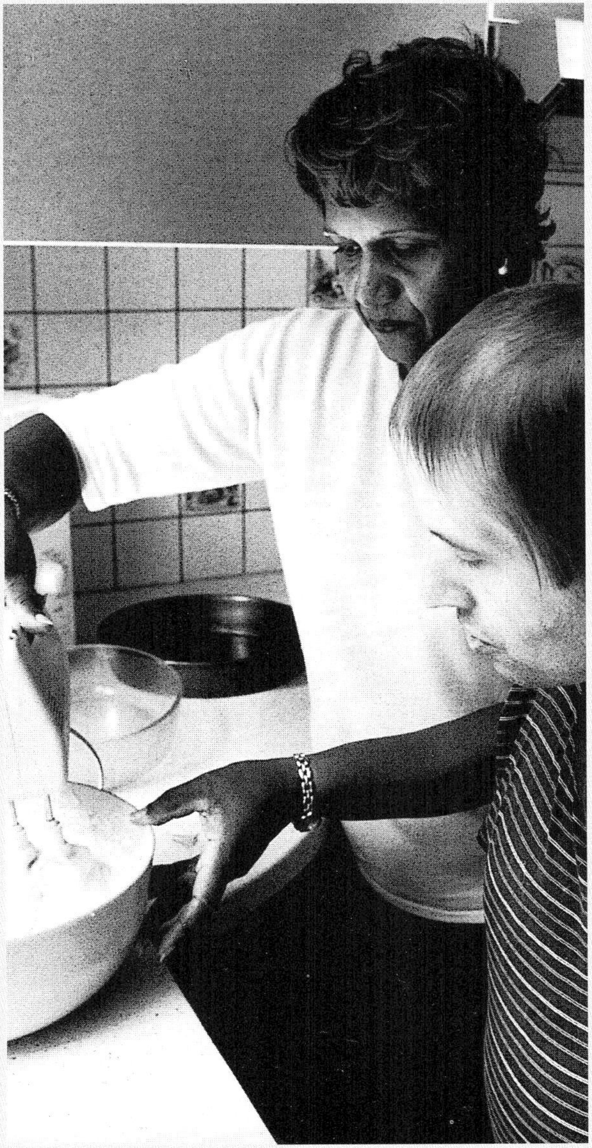

L'association Animations-loisirs à l'hôpital (en haut, à gauche) entend améliorer le quotidien des malades, enfants et adultes, et rompre leur solitude en multipliant les animations extérieures au monde hospitalier. Armateur bénévole, l'association « Une yole pour le Val-Maubuée » (en bas, à gauche) permet à des jeunes en difficulté, dans le cadre de chantiers d'insertion, de participer à la construction d'une yole puis à son utilisation dans le cadre de compétitions. Elle fournit, contre l'exclusion, un formidable outil d'insertion sociale et de formation professionnelle. « Les amis de l'atelier », structure associative de la banlieue parisienne, propose de très nombreuses activités (ci-contre, un atelier cuisine) aux personnes handicapées afin de vaincre leur isolement. Trois structures soutenues par la Caisse d'Épargne Île-de-France-Paris, trois exemples parmi d'autres des très nombreux organismes auxquels les Caisses apportent leur aide financière dans le cadre des « projets d'économie locale et sociale » créés par la loi de réforme du 25 juin 1999.

les acteurs tout aussi diversifiés. La loi du 25 juin 1999 qui transforme les Caisses d'Épargne en banques coopératives, tout en leur donnant les bases de leur gouvernance actuelle, consacre aussi le rôle spécifique qu'elles jouent depuis deux siècles au travers de leurs missions d'intérêt général et en fait des acteurs clefs du dispositif de lutte édicté par la puissance publique. Indissociable de leur culture et de leur histoire, leur engagement solidaire s'inscrit de longue date dans la défense de l'épargne populaire, et par-delà dans la lutte pour l'autonomie de chacun.

Inventant hier le livret d'épargne accessible sans exclusive, les Caisses ont en effet ouvert la voie de la démocratisation financière. Les services bancaires font désormais partie de toute vie sociale. L'exception devenue règle, l'exclusion bancaire stigmatise aujourd'hui celui qui en est la victime. Le livret A dispensé par les seuls canaux des Caisses d'Épargne et de la Poste, reste pourtant le dernier rempart des laissés-pour-compte du monde économique, consacrant le rôle indispensable de ces deux réseaux distributeurs. Dans le même temps, la maîtrise des outils et du vocabulaire financiers, véritable savoir-faire à composante tant cognitive que sociale, s'est complexifiée. Et pourtant ! Au même titre que l'utilisation du langage et de l'écriture, la compréhension de la sphère monétaire reste, plus que jamais, un des

L'association strasbourgeoise « Les jardins de la montagne verte », née en 2001, permet à des adultes en situation d'exclusion de renouer avec une activité et un projet professionnel au travers de chantiers d'insertion. Leur production maraîchère biologique est distribuée sous forme de paniers hebdomadaires (ci-dessous). La Caisse d'Épargne d'Alsace soutient cette structure en finançant outils de jardinage et matériels. Près de soixante-dix « jardins d'insertion » ont vu le jour en France ces dernières années. Le mieux-être est également au cœur de l'attention portée par les urbanistes au logement social (à gauche, un programme à Trelazé), au financement duquel les Caisses continuent de contribuer par la collecte des fonds sur le livret A.

éléments essentiels d'une véritable autonomie de l'individu et de sa bonne insertion dans la société. Le rôle que joue l'Écureuil dans l'acquisition de ces savoirs de base est ancien. Il entend aussi, parmi d'autres acteurs de la société civile, œuvrer à la pérennité d'une action, qu'il a su renouveler dans ses composantes. Pour preuve, créée avec son soutien en 1957, l'association Finances et Pédagogie continue de mener, en liaison avec les services sociaux et éducatifs dédiés, une mission de prévention, d'information et de formation aux mécanismes bancaires et financiers pour permettre au plus grand nombre, et particulièrement aux personnes en grande précarité, d'accéder à une meilleure maîtrise de l'argent. Plus largement, outre ses actions menées en faveur de l'autonomie des personnes dépendantes (handicapés, personnes âgées), la Fondation Caisse d'Épargne pour la solidarité se consacre à la lutte contre l'illettrisme, signe et moteur d'exclusion.

« Objectif nature » est un projet éducatif innovant auquel collaborent depuis quinze ans le ministère de l'Éducation nationale, la Caisse d'Épargne des pays du Hainaut et l'Espace naturel régional. Chaque année, grâce à différents modules éducatifs mis à la disposition des enseignants, les élèves des écoles maternelles et primaires de la région sont initiés à la découverte de l'environnement, à l'occasion d'une visite guidée dans un parc naturel (ci-dessous).

Un engagement de proximité

L'ancrage dans la réalité locale est au cœur de l'odyssée des Caisses d'Épargne. Leur engagement dans l'économie solidaire des régions est historique. Les bains-douches ne sont heureusement plus de mode ; d'autres priorités ont vu le jour, reflet des mutations sociétales, de nouvelles possibilités offertes à l'Écureuil, à l'image de sa mue en établissement bancaire et coopératif. Entre continuité et métamorphose, l'action des Caisses sur leurs territoires renouvelle, en le modernisant, le lien de proximité. Invitées par le législateur de 1999 à s'inscrire dans la lutte contre toutes les exclusions, elles ont en effet reçu, en ce domaine, l'obligation, inédite dans la sphère financière, de financer, sur les performances de leur activité bancaire, des « projets d'économie sociale et locale ». Au cœur des régions, les Caisses d'Épargne peuvent ainsi privilégier sur le terrain les actions de solidarité civique et sociale, menées déjà à une échelle nationale, en adaptant leurs réponses aux attentes spécifiques et aux besoins des opérateurs locaux. Les missions d'intérêt général qui leur sont dévolues, en particulier contre l'exclusion bancaire et sociale, trouvent ainsi à s'incarner au travers de l'expertise qu'elles apportent, du soutien financier (subvention ou crédit) qu'elles accordent aux associations, fondations et autres acteurs de la vie civile engagés quotidiennement sur les territoires pour maintenir le lien social et favoriser l'insertion par l'emploi, la culture, le sport…

Près de deux mille projets ont ainsi bénéficié, en deux ans, du soutien financier des Caisses d'Épargne : épicerie solidaire à Rouen, jardins potagers associatifs à Strasbourg ou à Maubeuge, jeux tactiles pour les enfants aveugles en Bourgogne, club équestre limousin destiné aux handicapés moteurs et aux autistes, ludothèque pour une

Soutenus dès leur création par la Caisse d'Épargne, les « kids stadium » sont nés en 1998 à l'initiative de la Fédération française d'athlétisme. Ces mini stades itinérants (20 mètres sur 40) peuvent accueillir une quarantaine d'enfants de 8 à 14 ans. Outils ludiques d'initiation à l'athlétisme, mais aussi d'évaluation des performances, ils favorisent l'insertion et l'animation de proximité dans des quartiers dépourvus de structures sportives, en milieu rural comme en zone urbaine. À ce jour, dix-huit kids stadium régionaux sont en activité dans toute la France et nombre d'entre eux sont toujours parrainés par les Caisses régionales.

école maternelle de Poitiers, chantier d'insertion travaillant à la réhabilitation du site de la Vallée des Merveilles, dans les Alpes-Maritimes. À l'antienne des formes prises par l'ostracisme, et au miroir des solutions généreuses inventées pour y remédier, peuvent ainsi à loisir, aujourd'hui comme hier, s'inventorier les soutiens octroyés en région par ces établissements.

Acteurs bancaires de plein exercice, les Caisses d'Épargne réinventent également aujourd'hui, dans un champ d'activité financier qui est désormais le leur à part entière, de nouveaux dispositifs d'insertion pour les exclus du monde économique (chômeurs, Rmistes, etc.) qui se voient refuser, dans les conditions habituelles du marché, un concours nécessaire à la réalisation de leur projet professionnel. Elles accompagnent ainsi et accordent des crédits aux microcréateurs qui souhaitent, en travaillant à la mise en place de leur propre activité, pallier leur manque d'ouvrage. À Saint-Tours-les-Roches, petit bourg auvergnat, un commerce alimentaire a ainsi pu ouvrir ses portes. À Meilhan-sur-Garonne, la créatrice d'un atelier-vente de dessins pour petits et grands a vu ses projets devenir réalité. Ici, c'est une société spécialisée dans la construction et la vente de bateaux; là, une entreprise dédiée à l'installation de réseaux téléphoniques et informatiques; ailleurs, une activité de vannerie...

Le Groupe Caisse d'Épargne a ainsi réussi sa mutation bancaire, tout en revisitant et en modernisant les missions dévolues en d'autres temps au livret d'épargne, instrument d'indépendance financière autant que sociale, nécessaire à la formation de l'homme moderne.

Dès leur création au début du XIXe siècle, les Caisses d'Épargne se sont donné une ambition sociale. Elles ne peuvent aujourd'hui rester insensibles aux inquiétudes croissantes que suscite un monde menacé par les déséquilibres démographiques, les pollutions irréversibles, les atteintes à la biodiversité, le non-respect des droits de l'homme et du travail. Le développement durable représente pour les Caisses un modèle équilibré. Le Groupe Caisse d'Épargne et le WWF se sont ainsi rapprochés dans un partenariat exclusif pour mieux sensibiliser collaborateurs et clients à la préservation de l'environnement (ci-dessous). Page suivante, le *Belem*, acheté par les Caisses d'Épargne en 1979, navigue sous le pavillon de l'Écureuil.

BELEM
NANTES

TÉMOIGNAGES ET DOCUMENTS

Définitions

Du Dictionnaire raisonné des Sciences, des Arts et des Métiers *de Diderot et d'Alembert aux définitions modernes, en passant par l'abécédaire satirique de Flaubert, le concept d'épargne ne cesse d'évoluer. Le verbe « épargner » existe depuis la fin du Moyen Âge, mais il change de sens au milieu du XVIII*e *siècle. Les dictionnaires de Richelet (1680) et de Furetière (1690) le rapprochent encore de « parcimonie », prise dans son acception péjorative : « épargne rigoureuse jusque dans les petites choses ».*

*L'article « épargne » de Faiguet pour l'*Encyclopédie *marque en 1755 une rupture idéologique.*

EPARGNE. f. f. (morale) signifie quelquefois le trésor du prince, trésorier de l'épargne, les deniers de l'épargne, etc. Epargne en ce sens n'est plus guère d'usage ; on dit plutôt aujourd'hui Trésor royal. […]

Epargne, dans le sens le plus vulgaire, est une dépendance de l'économie ; c'est proprement le soin et l'habilité nécessaires pour éviter les dépenses superflues et pour faire à peu de frais celles qui sont indispensables. […]

L'épargne économique a toujours été regardée comme une vertu […]. Il s'est même vu des héros qui l'ont constamment pratiquée ; cependant il faut l'avouer, cette vertu est trop modeste, ou, si l'on veut, trop obscure, pour être essentielle à l'héroïsme. […] L'économie s'accorde beaucoup mieux avec la politique ; elle en est la base, l'appui, et l'on peut dire en un mot qu'elle en est inséparable. En effet, le ministère est proprement le soin de l'économie publique. […]

Autre proposition qui tient à l'épargne publique, ce serait de fonder des monts de piété dans toutes nos bonnes villes, pour faire trouver de l'argent sur gage et sans intérêt ; si ce n'est peut-être qu'on pourrait tirer deux pour cent par année, pour fournir aux frais de régie. […] Il serait donc à souhaiter que les âmes pieuses et les cœurs bienfaisants songeassent sérieusement à effecteur les fondations favorables dont nous parlons.

Outre la commodité générale d'un emprunt gratuit et facile pour les peuples, je regarde comme l'un des avantages de ces établissements, que ce ferait autant de bureaux connus où l'on pourrait déposer avec confiance des sommes qu'on n'est pas toujours à portée de placer utilement, et dont on est quelquefois embarrassé. Combien d'avares qui craignant pour l'avenir, n'osent se défaire de leur argent, et qui malgré leurs précautions, ont toujours à redouter les vols, les incendies, les pillages. Combien d'ouvriers, combien de domestiques, et d'autres gens isolés, qui ayant épargné une petite somme, dix pistoles, cent écus, plus ou moins, ne savent actuellement qu'en faire, et appréhendent avec raison de les dissiper ou de les perdre ? Je trouve donc qu'il serait avantageux dans tous les cas de pouvoir déposer sûrement une somme quelconque avec liberté de la retirer à bon gré. Par-là on ferait circuler dans le public une infinité de sommes petites ou grandes qui demeurent aujourd'hui dans l'inaction.

D'un autre côté, les particuliers déposants éviteraient bien des inquiétudes et des filouteries ; outre qu'ils seraient moins exposés à prêter leur argent mal à propos ou à le dépenser follement. Ainsi, chacun retrouverait ses fonds ou ses épargnes, lorsqu'il se présenterait de bonnes affaires, et la plupart des ouvriers et des domestiques deviendraient plus économes et plus rangés.

[…] Il paraît enfin que depuis la paix de 1748 le goût de l'économie publique gagne insensiblement l'Europe entière. Les princes aujourd'hui, plus éclairés qu'autrefois, ambitionnent beaucoup moins de s'agrandir par la guerre. […] Ils paraissent plus disposés que jamais à profiter de tant d'ouvrages publiés de nos jours sur le commerce, la navigation et la finance, sur l'exploitation des terres, sur l'établissement et le progrès des arts les plus utiles ; dispositions favorables qui contribueront à rendre les sujets plus économes, plus sains, plus fortunés et je crois même plus vertueux.

En effet, la véritable économie, également inconnue à l'avare et au prodigue, tient au juste milieu entre les extrêmes opposés. […] Je prêche donc hautement l'épargne publique et particulière ; mais c'est une épargne sage et désintéressée, qui donne du courage contre la peine, de la fermeté contre le plaisir, et qui est enfin la meilleure ressource de la bienfaisance et de la générosité. C'est cette honnête parcimonie si chère à Pline le Jeune, et qui le mettait en état, comme il le dit lui-même, de faire dans une fortune médiocre, de grandes libéralités publiques et particulières. […]

Ces propositions n'ont d'autre but que d'éclairer les hommes sur leurs intérêts, de les rendre plus attentifs sur le nécessaire, moins ardents sur le superflu, en un mot d'appliquer leur industrie à des objets plus fructueux, et d'employer un plus grand nombre de sujets pour le bien moral, physique et sensible de la société. Plût au ciel que de telles mœurs prissent chez nous la place de l'intérêt, du luxe et des plaisirs ; que d'aisance, que de bonheur et de paix il en résulterait pour tous les citoyens.

Dans son Dictionnaire des idées reçues, *Flaubert donne de l'épargne une vision ironique.*

– Domestiques : tous des voleurs.
– Économie : toujours précédé d'« ordre ». L'ordre et l'économie mènent à la fortune. Citer l'anecdote de Lafitte ramassant une épingle.
– Épargne (caisse d') : Occasion de vol pour les domestiques.

Le Nouveau Petit Robert donne une définition synthétique.

ÉPARGNE, n. f., XVIIe ; *espergne* v. 1265 ; de *espargner* […]. 1. Gestion où les dépenses sont maintenues à un niveau inférieur aux recettes en vue de constituer des réserves […]. 2. par ext., vieilli : les sommes épargnées, économisées ; fam. : magot, réserve (cf. Bas de laine).

Promenade littéraire

La Caisse d'Épargne est entrée très tôt en littérature : de nombreux romanciers ont mentionné l'institution dans leur œuvre. Une fortune romanesque qui témoigne de l'ancrage quasi immédiat dans le quotidien et le référentiel des Français.

Miroir de son temps, le vaudeville

La liberté faite, depuis les lois de 1881 et 1895, à la femme mariée, longtemps considérée comme incapable, de disposer, sans l'aval de son époux, des économies placées sur son livret, a été l'objet des discussions les plus enflammées, au parlement, comme dans la société civile. Ce vaudeville y fait une divertissante allusion.

SCÈNE VI

– Sixboules : Voilà le livret
– Folichard : « Lachelet, Blanche, épouse Sixboules. » *(À part)* Mes artères se durcissent… Payons de jovialité. *(Haut)* Vous en avez de la veine.
– Sixboules : J'ai une femme qui se fait des revenus que j'ignore, et vous appelez cela de la veine ?
– Folichard : Permettez.
– Sixboules : Je ne veux pas manger de ce pain-là.
– Folichard : Puisque c'est du pain placé à la Caisse d'Épargne.
– Sixboules : Si vous croyez que ça en fait du gâteau mousseline.
– Folichard : Il n'y a de la part de votre femme qu'un esprit de sage prévoyance.
– Sixboules : Vous trouvez ?
– Folichard : Elle a fait des prodiges d'ordre et d'économie les plus louables pour sauvegarder discrètement le patrimoine de vos enfants.
– Sixboules : Nous n'avons pas d'enfants *(montrant le livret)* et après cela, je puis vous dire que nous n'en aurons jamais.
– Folichard : Je pourrais commenter largement cette parole, mais j'aime mieux vous répéter que vous vous égarez en des soupçons les moins fondés.
– Sixboules : Les moins fondés ?
– Folichard : Oui, et qu'il est peut-être heureux que la mention de « versement direct » permette à votre femme de toucher les fonds sans vous.
– Sixboules : Eh bien, je tiens le livret ; nous verrons si elle touche sans moi ou si ce ne sera pas plutôt moi qui toucherai sans elle.
– Folichard : La justice en décidera.
– Sixboules : La justice ?
– Folichard : Oui, monsieur : article 16 de la loi du 6 août 1895. *(À part)* Ça lui visse un piton.
– Sixboules : Je me fiche de la loi de 1895 en général.
– Folichard : Comment ?
– Sixboules : Et de son article 16 en particulier.
– Folichard : Je reconnais avec vous que cet article comporte les amendements les plus importants, mais en ce qui est de la clause relative aux versements directs, j'ai le regret de me séparer de vous et, je félicite le législateur d'avoir donné à la femme mariée le droit de disposer du fruit de son travail et de ses économies.

– Sixboules : Le travail et les économies de Madame Sixboules, laissez-moi rire.
– Folichard : Je ne vous ai jamais demandé de pleurer. [...]

SCÈNE VII

– Sixboules : Madame, je serai bref. Que signifie ce livret ?
– Madame Sixboules : Ce livret !... *(À part)* Oh ! Il me prend une révolte ! *(Haut)* Il signifie, Monsieur, que vous passez vos nuits à perdre au jeu votre santé, votre argent et votre honneur, et que vous m'avez obligée, bien malgré moi, de vous tromper...
– Sixboules : Ainsi, vous l'avouez ?
– Madame Sixboules : Je ne l'avoue pas, je le proclame avec fierté : je vous trompais dans mes comptes pour parer à un avenir de misère dont la perspective devient, chaque jour, plus effrayante.
– Sixboules : Il y a les retraites ouvrières.
– Folichard : Oui, mais on n'y comprend rien.
– Madame Sixboules : Voulez-vous voir mes livres ; les voilà. Je les apportais à Monsieur le Directeur pour justifier de mes économies et de leur honnête provenance, à défaut du livret que vous m'avez soustrait, en cherchant sans doute de l'argent pour régler vos infamantes dettes de jeu ! [...]
– Folichard : L'œuvre d'épargne de votre femme, Monsieur, est l'œuvre d'un ange.
– Sixboules : Gardien.
– Folichard : Sou par sou, elle s'efforce chaque jour de reconstituer ce que votre funeste passion s'acharne à détruire, et si aujourd'hui vous n'êtes pas réduit à tendre la main, bénissez la sienne.
– Sixboules : Blanche ! Blanche ! Pardon !
– Madame Sixboules, *fléchie* : Ludovic !
– Sixboules : Je ne jouerai plus.
– Madame Sixboules : Tu me le promets ?
– Sixboules : Je te le jure.
– Madame Sixboules : Quel gage m'en donnes-tu ?
– Sixboules : Je te rends ton livret
– Folichard : Ce n'est pas un livret, c'est le monument de la vertu !

Le Livret de Mme Sixboules, saynète, 1911

Dans un club féminin : «Nous demandons 1° Que le jupon soit remplacé par la culotte...»

Des « idées reçues » sur les Caisses d'Épargne

Que les lois interdisent aux passions tel ou tel développement (le jeu, la loterie, les Ninons de la borne, tout ce que vous voudrez), elles n'extirperont jamais les passions. Tuer les passions, ce serait tuer la Société, qui si elle ne les engendre pas du moins les développe. Ainsi, vous entravez par des restrictions l'envie de jouer qui gît au fond de tous les cœurs, chez la jeune fille, chez l'homme de province, comme chez le diplomate, car tout le monde souhaite une fortune gratis, le jeu s'exerce aussitôt en d'autres sphères. Vous supprimez stupidement la loterie, les cuisinières n'en volent pas moins leurs maîtres, elles portent leurs vols à la Caisse d'Épargne, et la mise est pour elles de deux cent cinquante francs au milieu d'être de quarante sous, car les actions industrielles, les commandites, deviennent la loterie, le jeu sans tapis, mais avec un râteau invisible, et un refait calculé. Les jeux sont fermés, la loterie n'existe plus, voilà la France bien plus morale crient les imbéciles, comme s'ils avaient supprimé les pontes ! On joue toujours ! Seulement, le bénéfice n'est plus à l'Etat qui remplace un impôt payé avec plaisir par un impôt gênant, sans diminuer les suicides, car le joueur ne meurt pas, mais bien sa victime ! Je ne vous parle pas des capitaux à l'étranger, perdus pour la France, ni des loteries de Francfort, contre le colportage desquelles la Convention avait décerné la peine de mort et auxquels se livraient les producteurs syndics ! Voilà le sens de la niaise philanthropie de nos législateurs. L'encouragement donné aux Caisses d'Épargne est une grosse sottise politique. Supposez une inquiétude quelconque sur la marche des affaires, le gouvernement aura créé la queue de l'argent comme on a créé dans la Révolution la queue du pain. Autant de Caisses, autant d'émeutes. Si dans un coin trois gamins arborent un seul drapeau, voilà une révolution. Mais ce danger, quelque grand qu'il puisse être, me semble encore moindre que celui de la démoralisation du peuple. Une Caisse d'Épargne est l'inoculation des vices engendrés par l'intérêt à des gens que ni l'éducation, ni le raisonnement ne retiennent dans leurs combinaisons tacitement criminelles. Et voilà les effets de la philanthropie.

Honoré de Balzac,
La Maison Nuncingen, 1838

Philanthropie et roman populaire

Fleur de Marie, orpheline au destin tragique, délivre des conseils d'économie domestique à Rodolphe, gentilhomme fortuné et philanthrope, déguisé en ouvrier et parcourant les bas-fonds de la capitale pour y secourir le peuple déshérité.

– Vraiment, monsieur Rodolphe, vous êtes triste aussi quelquefois ?

– Sans doute, mon avenir n'est guère plus beau que le vôtre… Je suis sans père, ni mère… Que demain je tombe malade, comment vivre ? Je dépense ce que je gagne au jour le jour.

– Ça, c'est un tort, voyez-vous… un grand tort monsieur Rodophe, dit la Goualeuse d'un ton de grave remontrance qui fit sourire Rodolphe, vous devriez mettre à la Caisse d'Épargne… Moi, tout mon mauvais sort est venu de ce que je n'ai pas économisé mon argent… Avec deux cents francs devant lui, un ouvrier n'est jamais aux crochets de personne, jamais embarrassé… et c'est bien souvent l'embarras qui vous conseille mal.

– Cela est très sage, très sensé, ma bonne petite ménagère. Mais deux cents francs… comment amasser deux cents francs ?

– Mais monsieur Rodolphe, c'est bien simple : faisons un peu votre compte ; vous allez voir… Vous gagnez, n'est-ce pas, quelquefois jusqu'à cinq francs par jour ?

– Oui, quand je travaille.

– Il faut travailler tous les jours. Êtes-vous donc si à plaindre ? Un joli état comme le vôtre… peintre en éventails… mais ça devrait être pour vous un plaisir… Tenez, vous n'êtes pas raisonnable, monsieur Rodolphe !… ajouta la goualeuse d'un ton sévère.

Un ouvrier peut vivre, mais très-bien vivre avec trois francs; il vous reste donc quarante sous, au bout d'un mois soixante francs d'économie… Soixante francs par mois… mais c'est une somme.

– Oui, mais c'est si bon de flâner, de ne rien faire !

– Monsieur Rodolphe, encore une fois vous n'avez pas plus de raison qu'un enfant…

– Eh bien ! Je serai raisonnable, petite grondeuse ; vous me donnez de bonnes idées… Je n'avais pas songé à cela…

– Vraiment ? dit la jeune fille en frappant dans ses mains avec joie. Si vous saviez comme je suis contente ! Vous économiserez quarante sous par jour, bien vrai ? […]

– Vous verrez comme vous serez fier aux premières économies que vous aurez faites… Et puis ce n'est pas tout… si vous voulez me promettre de ne pas vous fâcher…

– Est-ce que j'ai l'air bien méchant ?

– Eh bien ! Enfin, vous qui… on voit ça, êtes au-dessus de votre état ; comment est-ce que vous fréquentez des cabarets comme celui de l'ogresse ?

– Si je n'étais pas venu dans le tapis-franc, je n'aurais pas le plaisir d'aller à la campagne aujourd'hui avec vous Fleur de Marie.

– C'est bien vrai, mais c'est égal , monsieur Rodolphe… tenez, je suis aussi heureuse que possible de ma journée, eh bien ! je renoncerais de bon cœur à en passer une pareille si cela pouvait vous faire du tort…

– Au contraire puisque vous m'avez donné d'excellents conseils de ménage.

– Et vous les suivrez ?

– Je vous l'ai promis, parole d'honneur. J'économiserai au moins quarante sous par jour.

Eugène Sue,
Les Mystères de Paris, 1842

La fragile condition de l'ouvrier artisan

Avec Coupeau, honnête et travailleur ouvrier zingueur, Gervaise mène une vie paisible, joyeuse et économe…

Le ménage, malgré la charge des deux enfants, plaçait des vingt francs et des trente francs chaque mois à la Caisse d'Épargne. Quand leurs économies atteignirent la somme de six cents francs, la jeune femme ne dormit plus, obsédée d'un rêve d'ambition : elle voulait s'établir, louer une petite boutique, prendre à son tour des ouvrières. Elle avait tout calculé. Au bout de vingt ans, si le travail marchait, ils pouvaient avoir une rente, qu'ils iraient manger quelque part, à la campagne. Pourtant, elle n'osait se risquer. Elle disait chercher une boutique pour se donner le temps de la réflexion. L'argent ne craignait rien à la Caisse d'Épargne ; au contraire, il faisait des petits. En trois années, elle avait contenté une seule de ses envies, elle s'était acheté une pendule ; encore cette pendule, une pendule de palissandre, à colonnes torses, à balancier de cuivre doré, devait-elle être payée en un an, par acompte de vingt sous tous les lundis. Elle se fâchait lorsque Coupeau parlait de la monter ; elle seule enlevait le globe, essuyait les colonnes avec religion, comme si le marbre de sa colonne se fût transformé en chapelle. Sous le globe, derrière la pendule, elle cachait le livret de Caisse d'Épargne. […] Le lendemain, restée seule, elle ne put résister au besoin d'enlever le globe de la pendule et de regarder le livret de Caisse d'Épargne. Dire que sa boutique est là-dedans, dans ces feuillets salis de vilaines écritures !

Alors que son épouse caresse le rêve de s'établir, Copeau est victime d'un accident du travail. Gervaise est obligée de prélever sur les économies du ménage pour le faire soigner.

Alors, elle voulut en rire, et leur montrer combien elle sacrifiait volontiers l'argent pour la guérison de son mari. Chaque fois qu'elle prenait en leur présence le livret de la Caisse d'Épargne, sous le globe de la pendule, elle disait gaiement : « Je sors, je vais louer ma boutique. » Elle n'avait pas voulu retirer l'argent tout d'une fois. Elle le redemandait par cent francs, pour ne pas garder un si gros tas de pièces dans sa commode ; puis, elle espérait vaguement quelque miracle, un rétablissement brusque qui leur permettrait de ne pas déplacer la somme entière, elle additionnait sur un bout de papier l'argent qu'ils avaient encore là-bas. C'était uniquement pour le bon ordre. Le trou avait beau se creuser dans la monnaie, elle tenait, dans son air raisonnable, avec son tranquille sourire, les comptes de cette débâcle de leurs économies. N'était-ce pas déjà une consolation d'employer si bien cet argent, de l'avoir eu sous la main, au moment de leur malheur ? Et, sans un regret d'une main soigneuse, elle replaçait le livret derrière la pendule sous le globe. […] Gervaise depuis longtemps s'était remise au travail. Elle n'avait plus la peine d'enlever et de replacer le globe de la pendule ; toutes les économies se trouvaient mangées.

Émile Zola,
L'Assommoir, 1877

L'argent folie

Un médecin raconte la tragique et dérisoire histoire du Rosier de Mme Husson. Souhaitant couronner pour sa probité et sa pureté une jeune fille du pays, lors d'une cérémonie mémorable, Mme Husson cherche en vain une Rosière. Aucune jeune fille ne répondant à ses souhaits pieux, elle choisit, en désespoir de cause, le très vertueux Isidore, fils de la fruitière.

« Ne l'oubliez pas, jeune homme. Vous êtes la première graine jetée dans ce champ de l'espérance, donnez-nous les fruits que nous attendons de vous. »

Le maire fit trois pas, ouvrit les bras et serra contre son cœur Isidore qui sanglotait.

Il sanglotait le Rosier, sans savoir pourquoi, d'émotion confuse, d'orgueil vague et heureux.

Puis le maire lui mit dans une main une bourse de soie qui sonnait de l'or, cinq cents francs en or !… et dans une autre un livret de Caisse d'Épargne. Et il prononça d'une voix solennelle : « Hommage, gloire et richesse à la vertu. »

Le commandant Desbarres hurlait : « Bravo ! ». Les grenadiers vociféraient. Le peuple applaudit. À son tour Mme Husson s'essuya les yeux. Puis on prit place autour de la table où le banquet était servi. Il fut interminable et magnifique.

Après le repas, le Rosier, éméché, est raccompagné chez lui, et se retrouve seul…

Il fut surpris, enfonça ses mains en ses poches et ramena la bourse aux cinq cents francs qu'il avait oubliée dans son ivresse. Cinq cents francs ! Quelle fortune ! Il versa les louis sur le comptoir et les étala d'une lente caresse de sa main grande ouverte pour les voir tous en même temps. Il y en avait vingt-cinq, vingt-cinq pièces rondes en or ! toutes en or ! Elles brillaient sur le bois dans l'ombre épaissie, et il les comptait et les recomptait, posant le doigt sur chacune en murmurant : « un, deux, trois, quatre, cinq – cent – ; six, sept, huit, neuf, dix – deux cents » ; puis il les remit dans la bourse qu'il cacha de nouveau dans sa poche.

Qui saura et qui pourrait dire le combat terrible livré dans l'âme du Rosier entre le mal et le bien, l'attaque tumultueuse de Satan, ses ruses, les tentations qu'il jeta dans ce cœur timide et vierge, quelles suggestions, quelles images, quelles convoitises inventa le Malin pour émouvoir et perdre cet élu, Il saisit son chapeau […] et, sortant par la ruelle derrière la maison, il disparut dans la nuit.

Isidore disparaît une semaine entière, laissant le village inquiet. Un matin, à l'aube, le médecin le découvre endormi au milieu de la rue.

L'ex-Rosier dormait d'un sommeil profond, invincible, inquiétant, et le médecin, surpris, alla requérir de l'aide afin de porter le jeune homme à la pharmacie Boncheval. Lorsqu'on le souleva, une bouteille vide apparut, cachée sous lui, et l'ayant flairée le docteur déclara qu'elle avait contenu de l'eau-de-vie […]. Isidore était ivre, ivre et abruti par huit jours de soûlerie, ivre et dégoûtant à n'être pas touché par un chiffonnier. Son beau costume de coutil blanc était devenu une loque grise, jaune, graisseuse, fangeuse, déchiquetée, ignoble ; et sa personne sentait toutes sortes d'odeurs d'égout, de ruisseau, et de vice.

Il fut lavé, sermonné, enfermé et pendant quatre journées ne sortit point. Il semblait honteux. On n'avait retrouvé sur lui, ni la bourse aux cinq cents francs, ni le livret d'épargne, ni même sa montre d'argent, héritage sacré de son père, le fruitier.

Le cinquième jour, il se risqua dans la rue Dauphine. Les regards curieux le suivaient, il allait le long des maisons, la tête basse, les yeux fuyants. On le perdit de vue à la sortie du pays, vers la vallée ; mais deux heures plus tard, il reparut, ricanant et se heurtant aux murs. Il était ivre, complètement ivre. Rien ne le corrigea.

Guy de Maupassant,
Le Rosier de Mme Husson, 1887

Paysage urbain avec Caisse d'Épargne

À côté de l'hôtel, les anciens palais nationaux et l'orangerie de Louis XVI dans lesquels se trouvaient maintenant la Caisse d'Épargne et le corps d'armée, étaient éclairés du dedans par des ampoules pâles et dorées du gaz déjà allumé qui, dans le jour encore clair, seyait à ces hautes et vastes fenêtres du XVIIIe siècle où n'était pas encore effacé le dernier reflet du couchant, comme eut fait une fête avivée de rouge, une parure d'écaille blonde, et me persuadait d'aller retrouver mon feu et ma lampe qui, seul dans la façade de l'hôtel que j'habitais, luttait contre le crépuscule et pour laquelle je rentrais, avant qu'il fut tout à fait nuit, par plaisir, comme on fait pour le goûter. Je gardais, dans mon logis, la même plénitude de sensation que j'avais eue dehors.

Marcel Proust,
Le Côté de Guermantes, 1920

Sous bénéfice d'inventaire

Combien d'heures celui qui m'a déclaré enfant bâtard, a-t-il travaillé pour gagner ce billet de cent francs ?

Moi qui n'ai pas touché un seul centime, moi qui n'ai reçu de père que les affamantes secousses des prières, je serais en droit de réclamer un rappel, le rappel de ma bâtardise, des millions de francs, un extraordinaire livret de la Caisse d'Épargne, des tombereaux de fruits et légumes, vingt-cinq dindes de noël, un rondelet cheptel et des outres de lait.

René Char,
Trois Coups sous les arbres, 1967

La véritable histoire de l'Écureuil

Le conte de William Bate Didy et Racassot *remporte, en 1942, le premier prix du concours lancé auprès des prisonniers de guerre français en Allemagne. Son héros, Didy l'écureuil, est devenu en 1950 le symbole de la Caisse d'Épargne et joue toujours le premier rôle dans ses campagnes de communication.*

Peu de jours après le début de notre vie en commun, j'avais déjà pour Racassot, une forte inimitié. […] Nous lui reprochions presque tous son esprit d'économie, mais je suis obligé de reconnaître que ce n'était pas un avare. Il mettait de côté ce qu'il avait de trop, ne buvait que pour sa soif, certes, mais ne regardait pas non plus à payer à chacun une canette. La première grosse discussion qui nous opposa eut trait à cet esprit très poussé d'épargne […]. J'avais […] réuni tous les arguments massus que je possédais pour démontrer à Racassot que, vie éternelle et Dieu mis à part, rien ne comptait en ce bas monde, sinon la minute présente et toutes les manières de l'améliorer moralement […].

Racassot me montra sa vie à lui, son système à lui ; limiter le superflu, et pour les petites gens comme nous, se tourner vers les seuls établissements bancaires à porter de notre main et de notre bourse.

– Oui… Les Caisses d'Épargne et leur intérêt minuscule… je te vois venir… Allez Rat, fous-moi la paix avec tout ça…

J'étais buté… J'avais mes raisons, mais Racassot avait aussi les siennes ; et il continua, comme par le passé, à mettre dans le grand coffre de bois qu'il s'était construit chaque biscuit qui traînait, chaque haricot qui s'était échappé d'un colis crevé et que le propriétaire avait dédaigné. Aux jours de disette, personne ne disait rien, mais chacun lorgnait le coffre à Racassot d'où il tirait toujours quelque chose pour calmer notre fringale, la mienne comme celle des autres, naturellement. […] Notre inimitié sommeillait, jusqu'au jour où je fis la connaissance de Didy.

Un jour de mai, comme le temps avait été exceptionnellement chaud, je faisais une courte sieste dans la clairière voisine du chantier d'abattage […]. Dès mon réveil, mes yeux découvrirent Didy ; perché acrobatiquement sur une branche desséchée, il me fixait de ses yeux inquiets et malins d'écureuil qui connaît son monde. Je cherchais un mot pour l'appeler et ce nom de Didy me vint sur les lèvres ; j'appelais donc Didy, qui ne bougea pas. Il ne s'enfuit pas non plus ; c'était un point de gagné. Je me suis mis sur mon séant, et prenant dans une poche un morceau de biscuit, je le jetais au pied de l'arbre. Didy, après quelques secondes d'hésitation sauta à terre, s'empara du butin et regagna sa branche. […] Par la suite chaque jour, je retrouvais Didy, chaque jour je mis pour lui quelques menues friandises reçues de France : noisettes, noix, amandes, de temps à autre un biscuit. Didy se familiarisa, puis s'enhardit, me suivit, se laissa gâter par tous ceux qui lui faisaient de menus cadeaux. Racassot hochait la tête : « [...] ce n'est pas votre Didy qui vous tirera d'affaire.

– Ferme ta Caisse d'Épargne... lui rétorqua un grand diable roux, qui aurait tué un homme, mais qui aimait les bêtes, et un petit Parisien, déluré comme un coup de trique, écrivit aussitôt sur le beau coffre de Racassot, avec un morceau de charbon : « La Caisse d'épargne est fermée. » [...]

Vint l'automne, Didy se fit plus rare ; et ce furent les premiers froids... la première neige par un matin d'octobre. [...] Puis survint la tempête, une vraie, la neige, la vraie [...]. Mais la tempête redoubla, de même que la neige... Plus de courrier, les sapins avaient barré la route ; plus de lettres, mais aussi plus de colis et plus de ravitaillement [...] depuis longtemps déjà nous louchions vers le coffre de Racassot où se lisait toujours et plus que jamais : « La Caisse d'Épargne est fermée. » Un jour Racassot explosa : « Avec votre écureuil de malheur, cette sale bête à puces, vous êtes bien avancés. Si j'avais tout ce qu'il a bouffé en six mois, je pourrais vous nourrir quinze jours... » [...] Brusquement le Parisien jeta : « Mais dis donc, si on le mangeait maintenant le Didy, il doit être gras comme un poulet de grain. »

– Ou maigre comme un chien galeux.

– Pour cela, il est sûrement moins c... que vous, lui, il a sa Caisse d'Épargne, et les noisettes de pin ne lui manquent certainement pas.

– Vous êtes fou, criais-je sans conviction, tuer cette petite bête qui nous nourrira un repas et après...

– Après nous verrons.

– Et puis, il faut d'abord le trouver...

– Oh ! Pas difficile, sûrement dans le creux du chêne. [...]

Je demandai au chef du Kommando l'autorisation d'abattre le chêne ; je l'obtins. [...] Nous peinions à tour de rôle, faibles et transis, enfin Dubois trouva le vide à son tour ; deux coups de hache, deux coups de barre à pinces et un grand éclat de bois libérait l'intérieur de la retraite à Didy. Je m'avançais, tirai du bas de l'arbre quelques poignées de mousses, d'aiguilles de pin, de morceaux d'écorces, et tout à coup, comme un sac retourné par le fond, l'arbre se vida de son contenu, un contenu qui nous laissa stupéfaits, puis admiratifs, puis néfastes et démonstratifs. [...]. Du chêne s'écoulaient par huit et dix les noisettes, les biscuits, les amandes, les croûtes, les déchets de nouilles crues, et les mille choses que nous avions donnés à Didy et que ce maître banquier avait épargné là à notre insu.

Racassot triomphait : « J'vous l'avais t'y pas dit que l'écureuil était moins c... que vous. » [...] Nous avions des vivres pour plus d'une semaine et à chaque coup de pied ou de barre qui ébranlait l'arbre, il en descendait encore. Enfin ce fut Didy en personne, un Didy un peu éberlué et effrayé que je pris délicatement dans mes bras, tout heureux de lui voir la vie sauve, car il n'était plus question de le tuer.

– Emmène-le dans la baraque, dit Racassot, je lui ferai une boîte où il sera comme dans un palais, puis il ajouta à mon égard : « Vois-tu, l'esprit d'épargne a sauvé la vie à Didy et qui sait peut-être la notre par-dessus le marché. »

Je ne répondis plus. J'étais convaincu.

– Écoute encore... fit Racassot. Didy est un peu comme ton banquier, un type sérieux, mais d'autres auraient pu abattre le chêne ou un renard tout bouffer... ma Caisse d'Épargne vaut mieux. Je fis oui de la tête et Didy installé, j'écrivis sur le coffre à Racassot : « la Caisse d'Épargne est réouverte », et à dater de ce jour le coffre fut toujours plein.

Les Caisses d'Épargne en débat

La cause des Caisses d'Épargne n'a jamais laissé indifférent. En témoignent les morceaux d'éloquence ou les passes d'arme qui ont animé, sur ce sujet, parlementaires d'hier et d'aujourd'hui.

La seconde providence du genre humain

Un pareil établissement, rappelant sans cesse à la classe indigente de la société les ressources de l'économie, lui en fera connaître les bienfaits et, en quelque sorte, les miracles. J'appellerais volontiers l'économie la seconde providence du genre humain. La nature se perpétue par des reproductions, elle se détruit par les jouissances. Faites que la subsistance même du pauvre ne se consomme pas tout entière ; obtenez de lui, non par les lois, mais par la toute-puissance de l'exemple, qu'il dérobe une très petite portion de son travail pour le confier à la reproduction du temps, et par cela seul, vous donnerez les ressources de l'espèce humaine. [...]

Et qui doute que la mendicité, ce redoutable ennemi des mœurs et des lois, ne fût détruite par de simples règles de police économique, qui doute que le travail de l'homme dans sa vigueur ne pût le nourrir dans sa vieillesse ? [...]

Puisqu'elle est la même chez les peuples les plus riches et parmi les nations les plus pauvres, ce n'est donc pas dans l'inégalité des fortunes qu'il faut en chercher la véritable cause, elle est tout entière dans l'imprévoyance de l'avenir, dans la corruption des mœurs et surtout dans cette consommation continuelle sans remplacement qui changerait toutes les terres en désert, si la nature n'était pas plus sage que l'homme.

[...] M. Lafarge appelle son projet : tontine viagère et d'amortissement ; je voudrais qu'il l'eût appelé Caisse des épargnes, Caisse des pauvres, ou Caisse de bienfaisance, ce titre aurait mieux fait connaître aux pauvres ses besoins et aux riches ses devoirs. Assez de fortunes ont été amoncelées par l'avarice, en accumulant des intérêts, en échangeant des privations pour des richesses ; il faut aussi apprendre à la classe indigente ce moyen de se préparer un plus doux avenir. [...]

En vous parlant d'économie comment passer sous silence les bonnes mœurs qui en sont les premiers bienfaits ? La pauvreté se concilie avec toutes les vertus ; mais à la pauvreté succèdent l'indigence, la mendicité, et combien cet état cruel n'est-il pas voisin de la plus dangereuse corruption ! Tout se tient dans l'ordre moral. Le travail est le pain nourricier des grandes nations. L'économie jointe au travail leur donne des mœurs ; les fruits de cette économie les rendent heureuses et n'est-ce point là le but de toutes les lois ? [...]

Une nouvelle carrière s'ouvre à la bienfaisance comme une nouvelle chance s'ouvre à la pauvreté. En est-il de plus douce ! Elle embrasse l'avenir, elle est accordée au malheur ; elle a pour base l'espérance !

Mirabeau,
Assemblée nationale, 3 mars 1790

Le dépôt sacré des Français

À l'occasion des discussions préalables au vote de la loi de 1835, premier texte organique sur les Caisses d'Épargne, les zélateurs des organismes dépositaires de l'épargne populaire, parmi lesquels Benjamin Delessert, Charles Dupin ou Alphonse de Lamartine, réclament, pour la garantie absolue des déposants, que leurs fonds soient déposés à la Caisse des dépôts.

La Révolution française, Messieurs, a suscité beaucoup de questions, et les a toutes résolues bien ou mal, par des combats ou par des ruines ; elle a résolu la question sacerdotale, la question monarchique, la question aristocratique ; mais elle nous a laissé à résoudre la plus grave peut-être de toutes le questions, c'est la question des prolétaires, celle qui repose au fond de toutes les autres, celle peut-être qui les résume toutes. Vous murmurez contre ceux qui la soulèvent ; vous les accusez d'une perturbation qu'ils signalent mais qu'ils n'ont pas faite ; vous l'écartez en vain de vos pensées comme un nuage sur notre horizon ; elle éclatera en une explosion terrible tôt ou tard, si la société ne la résout pas ; Mais je suis loin de m'en effrayer, la société peut tout ce qui lui est nécessaire [...].

Qu'est-ce, en effet, jusqu'ici que les établissements que nous avons fondés ? Qu'est-ce que les Caisses d'Épargne ? Combien elles sont insuffisantes au but que la société doit atteindre ! Les Caisses d'Épargne ne sont qu'une sollicitation, qu'une exhortation de la société propriétaire à la société prolétarienne. Ce devrait être plus, Messieurs, un encouragement, une récompense, une prime, aux vertus du travail et de l'économie dans le peuple ; la partie de la société qui possède dit ici à celle qui ne possède pas : soyez vertueux, soyez probes, soyez laborieux, soyez économes, pour que tous les droits soient respectés, pour que vous vous reposiez vous-mêmes en paix sur vos propriétés et sur vos droits ; elle doit lui dire encore davantage, elle devrait dire aux prolétaires : soyez vertueux, probes, économes et nous, vos aînés dans la civilisation, dans la richesse, dans le bien-être social, nous viendrons à votre secours, nous administrerons à nos frais le produit de votre économie, nous nous chargerons de l'administration entière de toutes les vertus du peuple, nous payerons l'intérêt et un haut intérêt de vos laborieuses épargnes. [...]

Il n'y a de charité utile que la charité volontaire. Il n'y a de services bien remplis dans la société que les services salariés ; il y a bien loin du lundi au samedi ; dans l'intervalle d'une semaine, il y a bien des tentations pour le bas peuple ; il y a bien des moyens de dépenser ses épargnes en dépenses futiles et trop souvent en vices. [...]

C'est un pas, timide sans doute, mais c'est un pas dans la route du bien. Si nous ne pouvons pas faire violence à la générosité nationale, si nous ne pouvons pas arracher ses munificences si fécondes que nous sollicitons du pouvoir, et qui lui rendraient de si immenses intérêts, donnons du moins à la vertu du peuple le denier que nous pouvons en arracher.

Mais un gouvernement plus instruit n'épargnerait rien pour encourager un tel mouvement des esprits, et il n'oublierait pas qu'on ne paie jamais trop cher les vertus d'une population...

Alphonse de Lamartine,
Chambre des députés, 3 février 1835

Joute parlementaire sous le signe de Panamá

Le scandale de Panamá, qui éclate en décembre 1892, est l'occasion d'attaques, aussi violentes que mensongères, contre les Caisses d'Épargne. La droite antiparlementaire, et notamment le député Paul de Cassagnac, y voit là un moyen d'abattre la république et de mettre à mal le crédit de l'État.

– M. le président du Conseil : Personne dans le pays, à moins que ne l'abusent de puissantes manœuvres, ne peut avoir le moindre doute sur la sécurité complète, parfaite, absolue, que présentent à l'heure actuelle – et toujours – les dépôts des Caisses d'Épargne.

Ces dépôts sont garantis, non seulement par le portefeuille dont vous parlait tout à l'heure M. le ministre des Finances, par ces rentes sur l'État français qu'aucune manœuvre ne peut déprécier et dont le total dépasse de plus de 500 millions le montant des remboursements que l'on pourrait exiger ; mais ces dépôts des Caisses d'Épargne, ces économies du pauvre, de l'humble, du travailleur, ont une garantie qui dépasse toutes les autres : c'est la garantie de la France (*Vifs applaudissements à gauche et au centre*). Je ne conçois donc aucune inquiétude. [...]

En ce moment que se passe-t-il ? Lorsqu'il y a quelques jours, je disais à cette tribune qu'à côté du désir des honnêtes gens qui veulent la lumière, il y avait d'autres pensées, d'autres mobiles, d'autres visées, on m'interrompait pour me dire : Où sont ces pensées ? Où sont ces mobiles ? Où est cette campagne ?

Eh bien maintenant, j'ai le droit de vous dire : La voilà ! (*Applaudissements à gauche et au centre*). Là voilà ! Il faut

que le pays le sache (*Nouveaux applaudissements sur les mêmes bancs*). [...]

Que fait-on ? On va dans les campagnes, on poste des émissaires à la porte des Caisses d'Épargne... (*Dénégations à droite*)

– (*À gauche et au centre*) : C'est la vérité.

– M. Louis Barthou : M. Charles Roux a un télégramme qui le prouve.

– M. le président du Conseil : Je fais appel à mon honorable collègue et ami Charles Roux : à Marseille...

– M. Charles Roux : C'est exact.

– (*Au centre et à gauche*) : On le fait partout.

– M. le président du Conseil : À Marseille, la manœuvre a pris un caractère plus accentué, est-ce que vous croyez qu'il est permis de poster, comme on le fait, des gens à la porte des Caisses d'Épargne pour dire aux braves gens qui se présentent…

– M. Paul de Cassagnac : Qui l'a fait ?

– (*À gauche et au centre*) : Vous ! Vos agents !

– M. Georges Leygues : Ce sont les agents des conservateurs qui font cela !

– M. Paul de Cassagnac : Ce n'est pas sérieux.

– M. le président du Conseil : Est-ce qu'il est permis, Messieurs, de dire à ces déposants : vos fonds, ils sont perdus ! Vos fonds ne sont pas en sécurité ! Ne les apportez pas à l'État français, à la France – Car il ne s'agit pas ici de la république, Messieurs, il s'agit de la France ! (*Applaudissements au centre et à gauche* – Non ! Non !, *à droite*). Non n'apportez pas à la France votre obole, elle sera perdue.

– M. Fernand de Ramel : Ce n'est pas la France qui a les clefs de la Caisse.

– M. le président du Conseil : Et dans quels termes le dit-on ensuite dans les journaux, en vertu d'un concert que l'on avoue, car vous allez en avoir la preuve ? On intitule l'article : « L'État voleur » (*Exclamations et rumeurs prolongées au centre et à gauche*). Et dans ces articles, on dit : si vous avez des économies, ne les jetez pas dans ce « coupe-gorge » qui s'appelle l'État ! Dans cette caisse à double fond qui s'appelle les Caisses d'Épargne ; vous ne reverriez jamais votre argent.

On va plus loin, Messieurs, on ose faire allusion au moment de trouble qui pourrait suivre une déclaration de guerre…

– M. Henri de Lvartujon : C'est abominable, c'est antipatriotique ! (Très bien ! Très bien !)

– M. Paul de Cassagnac : la patrie est à tout le monde, vous entendez !

– M. le président : Monsieur de Cassagnac, je vous prie de ne pas interrompre…

– M. le président du Conseil : On fait injure au pays, en doutant de ce que serait le patriotisme de tous et on ajoute : l'État, que fait-il ? Que fait l'État français ? Il commet un abus de confiance. C'est l'État voleur.

Et c'est signé un député français (*Exclamations et applaudissements au centre et à gauche*).

Chambre des députés, 31 janvier 1893

D'un monde à l'autre

La loi du 1er juillet 1983 marque un tournant majeur dans la longue histoire des Caisses d'Épargne. Elle leur confère le statut d'établissement de crédit . Extrait des débats, un an plus tôt :

Comme un Français sur deux, je suis un épargnant des Caisses d'Épargne, ou plus précisément – c'est plus qu'une nuance – de la Caisse d'Épargne de Civray, petite ville du département de la Vienne.
Je le suis devenu, il y a bien longtemps, en recevant lors d'une distribution des prix, qui m'apparaît aujour'dhui bien démodé, un livret que la Caisse d'Épargne offrait à certains élèves que je n'ose qualifier.

Les 200 francs d'alors – c'était beaucoup à l'époque – y sont toujours restés. Je pourrais certes me livrer à un calcul d'intérêts composés comme l'instituteur de mon village savait si bien nous l'enseigner, pour savoir ce qu'est devenu ce « capital » ; en fait, c'est bien inutile car cela représente peu, ou presque rien. Mais pour moi, en évoquant ce souvenir, il s'agit avant tout d'un attachement affectif à la valeur morale de l'épargne et à une institution vieille de cent cinquante ans ancrée dans nos mémoires collectives.

Il y a quelques années, je pénétrais dans cette Caisse d'Épargne par une autre porte ; au hasard des circonstances, et surtout des difficultés qu'elle rencontrait, je me trouvais à la tête de son conseil d'administration. [...] Maire de ma commune, je souhaitais contribuer au maintien de cet établissement autonome en milieu rural, rayonnant sur une bonne partie de l'arrondissement, non seulement pour des raisons affectives, comme je viens de l'évoquer, mais parce que j'avais bien conscience du rôle que la Caisse d'Épargne jouait dans le financement des équipements de notre commune.

J'ai cependant gardé toujours présente à l'esprit cette première image extérieure, sécurisante, un peu vieillotte : un directeur caissier tout auréolé, manipulant billets et monnaies ; des grands livres noirs, couverts d'une belle écriture ; une salle austère d'un conseil d'administration avec une immense plaque noire où étaient gravés, à l'or fin, les noms des fondateurs, administrateurs et caissiers.

En pénétrant par l'autre porte, il y quelques années, je trouvais une tout autre réalité : un directeur aux prises avec des problèmes de personnel, des difficultés de gestion, des terminaux pour effectuer des opérations, une salle d'administration envahie par les plans de la future construction de notre Caisse ; bref, je pénétrais dans un univers d'entreprise avec tous ses problèmes.

Raoul Cartraud, député de la Vienne,
Assemblée nationale, 13 juillet 1982

Une banque autrement

En 1999, les Caisses d'Épargne deviennent banque coopérative. Le projet est discuté à l'Assemblée nationale.

Monsieur le ministre, mes chers collègues, les Caisses d'Épargne occupent une place à part dans le paysage bancaire français, ne serait-ce que par leur incontestable réussite. Elles en sont un acteur majeur et original en constituant ce grand réseau de l'économie sociale, profondément enraciné dans la Nation et dans la conscience collective des Français. Nous avons tous, un jour, placé un peu, ou beaucoup, de nos économies sur ce petit carnet rouge siglé de l'Écureuil, appelé le livret A, et nous avons ainsi, parfois sans le savoir, participé au développement d'une économie au service de la collectivité et par là même du renforcement de la cohésion nationale.

Depuis cent quatre-vingts ans, les Caisses d'Épargne remplissent dans le cadre de leur activité des missions et des services d'intérêt général. Cette vocation historique des Caisses a contribué au maintien de valeurs telles que la solidarité et l'égalité dans un contexte d'économie de marché, parfois peu enclin à leur diffusion.

Formidables acteurs de l'aménagement du territoire, notamment en milieu rural, avec leurs 4220 agences, les Caisses d'Épargne ont pour objet social d'assurer la promotion et la collecte de l'épargne ainsi que le développement de la prévoyance pour satisfaire les besoins collectifs et familiaux.

Depuis leur création, les Caisses d'Épargne ont certes évolué, comme en témoignent les réformes de 1983 et 1991, mais le législateur a toujours souhaité leur conserver ce statut de banque autrement, en leur garantissant des objectifs d'intérêt général.

Cependant, les Caisses d'Épargne sont aujourd'hui a un tournant de leur histoire. Du fait de la transformation du monde bancaire français, et de la nouvelle donne européenne, une évolution de leur statut et de leur rôle dans l'économie de notre pays apparaît nécessaire. En effet, de nouveaux défis s'ouvrent à elles : ceux que constitue l'élargissement du champ d'action des institutions financières, et l'élargissement de la concurrence entre établissements bancaires. […] les Caisses d'Épargne doivent évoluer.

Yvon Montané, député du Gers,
Assemblée nationale, 9 mars 1999

Le crédo des Caisses d'Épargne aujourd'hui : concilier performance économique et sens de la vie

Je voulais aborder la question de la performance et du sens de la vie avec vous, qui jouez le rôle du mouton à cinq pattes dans un monde qui se cherche. À un moment donné, nous avons cru que tout ce qui ne relevait pas de la performance pure et du secteur marchand était ringard, passéiste et ridicule.

Pourtant, vous avez pris un autre chemin en tentant de conjuguer la performance avec le sens de la vie, l'intérêt général et la cohésion sociale. Alors que la performance devenait synonyme de modernité, vous avez introduit dans le système une donnée absolument unique. Grâce à vous, la cohésion sociale est devenue moderne. Vous avez transformé les contraintes de la loi de 1999 en atouts concurrentiels. Beaucoup plus qu'une concession de la performance à l'honneur, c'est l a réconciliation du sens de la vie et de la performance.

Il ne faut pas négliger l'importance de signaux, comme les difficultés que vous avez rencontrées, pour le modèle de l'économie de marché, qui se cherche comme jamais, notamment dans la gouvernance. Si la réflexion mondiale accuse une faiblesse, c'est sur ce thème. Les Caisses d'Épargne n'en ont probablement pas le monopole, mais la société équilibrée que vous organisez, exigeante à bien des égards, mais humaine, constitue l'un des points de réflexion qui sera nécessaire à la nouvelle gouvernance.

Nous devons demeurer dans l'économie de marché, alors que le monde entier est très inquiet de l'évolution diplomatique, militaire, économique et technologique, alors que le consulting, après s'être américanisé, a connu de cuisants échecs, alors que les grandes évidences du management mondial sont battues en brèche.

Dans ce but, le ministère de la Ville a besoin que vous interveniez dans les quartiers et que vous financiez de façon rapide et professionnelle des missions urgentes sur le plan humain, mais nécessitant un amortissement sur trente ans. D'une façon générale, nous avons besoin de votre forme de gouvernance dans une République qui est parfois un peu déboussolée.

Jean-Louis Borloo,
ministre de la Ville, congrès des Caisses d'Épargne, 21 octobre 2002

Les lieux de mémoire de l'épargne

La symbolique de l'épargne est inscrite dans le quotidien des Français : dans l'espace, au cœur de ses hôtels et des bâtiments qu'elle a contribué à édifier, dans le temps, au rythme des générations qu'elle accompagne.

Lyon : des statues qui font scandale

Heureuses les nations qui n'ont pas de discussions philosophiques et littéraires.

À ce sujet on peut parler de la Caisse d'Épargne de Lyon. Se souvient-on du soulèvement général, des cris scandalisés, du « tollé » furieux occasionnés à Lyon par l'apparition de deux statues colossales qui, négligemment couchées au-dessus de la porte d'entrée d'un monument public, avaient la prétention, dans leur naïve nudité, de symboliser aux yeux des passants le Travail et la Prévoyance ?

Au nom des arts et du bon goût, une foule révoltée protesta. La nudité disait-on, annonçait plutôt la misère que l'économie. Qu'elle est, en effet, cette vertu qui n'a pas de quoi se couvrir ? Pourquoi ne pas représenter la Guerre sous les traits d'une fillette timide, la Sagesse un pied en l'air dans une pose voluptueuse et Vénus filant devant un foyer. L'artiste doit parler au cœur et aux yeux. Une église doit être sévère, une salle de bal élégante et gracieuse, une caserne simple et austère. C'est la conscience humaine, le goût et la raison qui doivent en avertir. Vos deux grandes nudités au-dessus de la porte de la Caisse d'Épargne sont non pas un non-sens mais un déplorable contresens.

C'est plus qu'un contresens disaient les pères de famille, c'est un outrage à la morale. Vis-à-vis la porte du collège, ce groupe est une indécence et un malheur. L'Apollon est chaste dans sa majestueuse nudité, et cependant on l'enferme dans les musées. […]

La pudeur publique fut tellement révoltée du spectacle offert à des collégiens de quatorze ans, que des mères de famille ne demandaient rien moins que la suppression du groupe, puis la légèreté française reprit le dessus ; après avoir disputé on se calma ; on se demanda par quoi et comment le groupe serait remplacé ? Les statues étaient belles, l'artiste est un de ces hommes qui honorent une cité ; le parti de la résistance et du fait accompli l'emporta.

Laissez faire, disaient d'ailleurs quelques esprits calmes, la pluie et le brouillard, la poussière et la fumée auront bientôt donné à ces statues le vêtement que le ciseau du sculpteur leur a refusé. Elles s'habilleront toutes seules et bientôt vos collégiens n'y feront plus attention.

Ces derniers avaient raison. Le climat lyonnais a fait justice de ces nudités ; une patine vénérable les enveloppe, les passants affairés ne lèvent pas la tête, et les collégiens distraits se sont eux-mêmes blasés sur le spectacle qui leur est offert. […]

Toute l'ornementation, tout le luxe de l'œuvre ont été concentrés sur la porte d'entrée, beau travail, qui n'a eu qu'un tort, c'est d'avoir été exécuté avec un réalisme exubérant. Si l'exécution matérielle est digne d'un maître, la pensée est obscure, et jamais un homme du peuple ne la comprendra. On a voulu symboliser les Vertus qui conduisent à la Caisse d'Épargne, et on a représenté, à droite, une femme, aux allures fortes et viriles, le torse nu et une draperie sur les genoux, c'est le Travail ; on a pensé qu'une ruche d'abeilles, faible et simple attribut qui attire à peine les yeux suffisait pour le caractériser. À gauche, une jeune fille élégante et douce aussi peu vêtue que sa compagne, glisse une pièce de monnaie dans une tirelire, c'est l'Épargne, l'Économie, la vertu si nécessaire à l'ouvrier. On a eu raison de dire, qu'au lieu de mettre sa pièce d'argent dans une boîte, elle aurait dû plutôt s'en acheter une robe. Elle eût alors symbolisé avec succès l'Ordre et la Modestie, vertus aussi nécessaires et aussi utiles que l'Épargne. En tout état de cause la nudité n'était pas nécessaire, elle n'était pas de mise, et notre vigoureux statuaire aurait aussi bien développé son beau talent avec une draperie qu'avec la magistrale académie que nous a donnée son ciseau. [...]

Il fallait une administration active et un président éclairé pour qu'une semblable entreprise pût être conduite aussi rapidement. Elle a été conçue avec sagesse, menée avec économie. L'œuvre matérielle fait honneur à M. Charvet, son brillant architecte, l'œuvre morale fait l'éloge de ses administrateurs si dévoués et si désintéressés. Elle a reçu l'approbation des hommes éclairés, elle a la confiance de la population ; elle doit être hautement louée car elle fait humblement et modestement le bien.

Aimé Vingtrinier,
Opuscules, août 1870

Marseille à l'ombre des félibres

C'est au créateur du Félibrige, le grand poète occitan Frédéric Mistral, qu'Eugène Rostand, président, a passé commande de la devise qui orne l'imposte de l'hôtel de la Caisse d'Épargne des Bouches-du-Rhône, « véritable palais de l'épargne digne de la cité et du peuple prévoyant », inauguré le 20 juillet 1904.

«A cha degout l'abiho emplis soun brusc.
A cha degout l'abiho fai soun mèu.
Lou brusc d'abiho s'emplis à cha degout
Emplis toun brusc, comme l'abiho.
Es rèn de lou gagna : fau sempre l'espargna.
Anen plan e acampen bèn.
Pèiro à pèiro, ve fan clapié»

Frédéric Mistral

Cher président,

J'arrive de Maillane et à ma grande surprise je trouve chez moi un mot de Mistral avec sept devises plus jolies les unes que les autres. Nous sommes un peu limités comme place et, à mon avis, la cinquième qui se compose de cinq mots me paraît la plus appropriée à la ruche et aux dimensions de l'imposte : « remplis ta ruche comme l'abeille… ». Les trois dernières sont bien belles aussi… Mistral a été très touché de votre idée et vous prie de lui réserver pour le musée Arlaten la photographie du groupe de Lombard.

Lettre d'un des administrateurs à Eugène Rostand, 15 mars 1904

La Caisse d'Épargne, lieu des mémoires

Dimanche 15 octobre 1919

[…] Comme la mairie et la poste, l'immeuble de la Caisse d'Épargne arbore un toit d'ardoises, seul signe de richesse dans ce pays de tuiles rouges.

Il porte fièrement sur son fronton, gravées dans la pierre, ses lettres de noblesse « Caisse d'Épargne ».

Des grilles garantissent les majestueuses fenêtrées, et de lourdes portes de chêne accentuent encore l'impression de solidité, de sévérité sereine, caractéristiques du pays flamand.

L'établissement est ouvert au public le dimanche et le lundi de neuf heures à douze heures.

Deux matinées de grosse affluence dans cette petite bourgade.

Deux événements drainent rituellement vers ce centre toute la population rurale des alentours : les messes du dimanche, le marché du lundi.

Abel sait que Jeanne se rend à la Caisse d'Épargne deux à trois fois par an comme le faisaient leurs mères.

Elle choisit généralement le lundi, avant le marché, sans doute pour ne pas être tentée de dépenser son petit pécule.

Ces jours-là, Abel trouve en rentrant, ouvert à la bonne page, bien en évidence sur la table, le livret.

Une belle écriture à la ronde raconte les prouesses d'économie de Jeanne qui au fil des ans s'additionnent dans la colonne de droite […].

Pierre Looten,
Abel, Pierre et les autres, Mémoires d'Écureuils,
récits autobiographiques,
Les éditions de l'Épargne, Paris,1999

Une visite aux bains-douches

Franchissons maintenant le seuil de la construction : la vue de la façade de l'établissement que nous vous soumettons est gracieuse, l'ensemble de la construction donne une impression d'un élégant confort moderne, tout en effet a été soigné, mais rien n'a été exagéré : de l'aisance, mais pas de luxe inutile.

Une fois le seuil franchi, le visiteur se trouve dans une vaste salle d'attente aux peintures claires et aux meubles confortables et élégants : devant lui, la caisse ; à droite, les baignoires au nombre de six ; à gauche, les cabines de bains-douches au nombre de vingt. […]

Pénétrons dans l'aile gauche où se trouvent les bains-douches […]. Un couloir […] donne accès au couloir central qui dessert les vingt cabines rangées face à face, mises à la disposition du client ; toutes sont identiques, mais ce qui est particulièrement agréable à constater, c'est pour le client, de se trouver au milieu d'une atmosphère tempérée convenablement par le calorifère, atmosphère lumineuse autant qu'il est possible de la désirer puisque l'éclairage est donné à la salle par un double plafond en verre cathédrale, laissant pénétrer à flots la lumière solaire, tout en évitant […] le refroidissement de l'air ambiant. Ce bien-être est complété par la vision, devant, derrière, comme à côté de soi, des revêtements des murs en céramique blanche, laquelle contribue à donner un aspect de gaie propreté, peu coutumière dans les établissements de bains et dont l'effet immédiat est de disposer favorablement le baigneur. Ce dernier, enchanté, pousse une porte en pitchpin verni fermant les cabines, et s'empresse de se dévêtir pour essayer ce bain-douche dont il a tant entendu vanter les bienfaits et dont il est pressé de constater les effets à son tour. […]

Sa toilette finie, le corps bien baigné, le client s'essuie convenablement, s e rhabille, sort et cède la cabine à un autre arrivant. […]

On trouve – et ceci tout particulièrement est agréable aux dames – dans la salle d'attente dans laquelle elles repassent pour quitter l'établissement, une large et excellente glace dans laquelle les intéressées peuvent constater qu'elles sont plus fraîches et plus charmantes après le bain-douche, certitude qui suffit, nous en sommes certains à l'avance, à les engager à revenir fréquemment.

Bains-douches et lavoirs,
Caisse d'Épargne de Belfort,
Librairies réunies, Paris, 1912

D'une génération l'autre

Je les vois, tous ces épargnants, tous ces prévoyants, en leur long défilé d'un siècle : le paysan de nos campagnes dont les rudes mains ont peiné pour amasser ces quelques pièces de cent sous au fond de son bas de laine, l'ouvrier de notre ville, le petit rentier, le commerçant, tous unis en ce même geste de prudente sagesse ; je les vois les petits qui apportent tout joyeux leurs « étrennes », et les vieux qui reviennent chercher les économies d'hier ; je les vois, les veuves éplorées que la mort a privées de leur soutien, mais qui retrouvent ici de quoi ne point voir leur douleur morale avivée de la détresse matérielle qui conduit aux pires désespoirs ; je les vois aussi, la jeune fille qui apporte amoureusement ses gages en pensant au trousseau de ses épousailles de demain et le jeune garçon qui s'en vient confier, à la Caisse, les espoirs de son futur foyer, et je les revois aussi tous deux, quelques années après, revenus mettre leurs deux livrets sous un seul nom… et puis en prendre un autre et puis encore un autre… pour leurs petits.

Robert Lemonnier,
secrétaire du conseil des directeurs,
lors de la célébration du centenaire de la
Caisse d'Épargne d'Yvetot, 1937

Solidaires

Dans le cadre de ses projets d'économie locale et sociale (PELS), le Groupe Caisse d'Épargne soutient, depuis 2001, de nombreuses initiatives. La presse nationale et régionale témoigne de la diversité des projets accompagnés.

Un commerce en Auvergne

« Après de nombreuses années d'emplois précaires, j'ai décidé de me mettre à mon compte. Mais je n'avais pas un centime en poche, seulement mes savoir-faire acquis au fil de différents petits boulots. J'ai trouvé la possibilité de reprendre un commerce alimentaire à Saint-Tours-les-Roches, un petit bourg auvergnat, à la suite du départ du propriétaire. [...] Je vais ouvrir mes portes en avril 2003. Je suis attendu par les clients. Tous les jours ils me demandent quand je vais enfin ouvrir. »

Jean-Philippe Lacroix

Une aide financière pour le potager de Activa

La Caisse d'Épargne des Pays de Loire soutient l'association intermédiaire Activa. En lui offrant un chèque de 3000 euros, elle participe au financement d'un motoculteur et de ses accessoires. Le potager associatif a été créé en octobre 2002 par l'association intermédiaire Activa, avec deux objectifs : permettre de donner un statut, une activité et une rémunération à des personnes exclues du marché du travail et développer une démarche associative et solidaire par la vente de paniers hebdomadaires de fruits frais à des adhérents consommateurs.

Presse Océan, 18 juin 2003

Banque alimentaire du Lot

Jeudi 24 octobre dernier, la Caisse d'Épargne de Midi-Pyrénées [...] remettait symboliquement un chèque de 7890 euros à la Banque alimentaire du Lot. Une action qui s'appuie sur la mission d'intérêt général que s'est donnée la banque, dans le domaine de la solidarité notamment. Cette somme correspond au coût de la chambre froide négative, qui permet d'entreposer les aliments surgelés. La chaîne du froid est désormais bouclée.

La Semaine du Lot, 31 octobre 2002

Nouveaux atouts pour les jeunes

La Mission locale pour l'emploi, rue Arago, vient d'inaugurer un nouvel espace destiné à la pratique de l'informatique. Trois postes y sont disponibles. Chacun d'entre eux présente une affectation particulière : recherche sur Internet, bureautique et création de sites web. Responsable de cet espace, Xavier Lange se félicite également d'un atelier de montage. « Il nous permet de travailler en numérique sur tout type de support. » Ces nouveaux outils, financés en partie par la Caisse d'Épargne, serviront aux jeunes fréquentant la mission locale du Gers.

Sud-Ouest / Gers, 25 janvier 2003

Une main tendue aux plus démunis

Depuis un an, le Point d'Eau vient en aide aux exclus. Un petit déjeuner, une douche salvatrice, des gestes d'importance pour les plus démunis.

Depuis le début de la semaine, l'ensemble des bénévoles de l'association Point d'Eau ont pris possession de leur nouveau local. Un local flambant neuf avec des installations sanitaires et d'accueil que bien des associations caritatives envieraient. Aux oubliettes l'ancien local situé au fin fond des sous-sols de la maison de retraite. Quatre douches individuelles spacieuses, une laverie avec sèche-linge, une buanderie, une pièce avec table et chaises, ainsi qu'un petit bar pour savourer tranquillement un bon petit déjeuner. Une véritable bouffée d'oxygène pour des dizaines de personnes complètement exclues et totalement démunies ; [...] la Caisse d'Épargne a financé l'achat de matériel et équipement. Une belle image d'un partenariat efficace.

L'Observateur du Valenciennois,
26 octobre 2002

Des ordinateurs portables pour les enfants atteints de leucémie

Le projet de l'association « La vie devant soi » a bénéficié de la Caisse d'Epargne

Parmi les « Projets d'Économie Locale et Sociale » financés par la Caisse d'Épargne, l'association « La vie devant soi » a été retenue en 2002.

Cette association, installée au 4e étage de la Timone, au service Hématologie, accompagne les enfants leucémiques, une fois qu'ils sont rentrés chez eux. « Six mois après le dépôt du projet, nous avons été invités par la Caisse d'Épargne afin de recevoir un chèque de 11 000 euros. Cette somme nous a permis d'acheter des ordinateurs portables pour les enfants afin qu'ils puissent communiquer avec leurs copains, préparer des projets *via* Internet, et peut-être à l'arrivée créer un journal. »

La Marseillaise,
18 avril 2003

Sagittaire fait de l'équitation une thérapie

« Deux jeunes handicapés, tout deux passionnés de cheval ont fondé Sagittaire. Notre association soigne et tente de réinsérer socialement des paraplégiques, tétraplégiques et des autistes par l'équitation. [...] La subvention allouée par la Caisse d'Épargne du Limousin nous permet de financer la conception et la fabrication d'équipements spécifiques et les déplacements des malades. L'engagement de ces deux jeunes démontre que le handicap n'est pas seulement ce qui ouvre à des droits. Avec leur appétit pour la vie active, ils se détournent de la dépendance, de la passivité et de la dépression .»
Christian Renaux, président de Sagittaire

Télé coqueli'caux

Développer la solidarité

Les bases d'une future télévision locale viennent en effet d'être jetées par l'association Les ateliers du Méandre [...]. La Caisse d'Épargne a permis l'acquisition de matériel ainsi que la souscription de 250 abonnements, pour des personnes regroupées dans les chantiers d'insertion de la région, grâce à une contribution de 15 000 euros.

Le Progrès de Fécamp,
11 mars 2003

BIBLIOGRAPHIE

Ouvrages généraux sur l'histoire économique, sociale et culturelle

– Agulhon, Maurice, « La République de 1880 à nos jours », in *Histoire de France*, t. 5, Hachette, Paris, 1990.
– Braudel, Fernand, et Larousse, Ernest (dir.), *Histoire économique et sociale de la France*, t. 3, 4 et 5, PUF, Paris.
– Cabedoce, B., et Pierson, P. (dir), *Cent Ans d'histoire des jardins ouvriers – La Ligue française du coin de terre et du foyer (1896-1996)*, Créaphis, 1996.
– Duprat, Catherine, *Usage et pratique de la philanthropie : pauvreté, action sociale et bien social à Paris au cours du premier XIXe siècle*, 2 vol., Comité d'histoire de la sécurité sociale, Paris, 1996-1997.
– Ewald, François, *L'État providence*, Grasset, Paris, 1985.
– Gueslin, André, *L'Invention de l'économie sociale, le XIXe siècle français*, Economica, 1987.
– Gueslin, André, *L'État, l'économie et la société française XIXe et XXe siècles*, Hachette, collection « Carré histoire », Paris, 1992.
– Gueslin, André, *Gens pauvres, pauvres gens dans la France du XIXe siècle*, Aubier, Paris, 1998.
– Nora, Pierre (dir.), *Les Lieux de mémoire*, t. 1, *La République*, Gallimard, Paris, 1984.
– Quillot, Roger, et Guerrand, Roger-Henri, *Cent Ans d'habitat social, une utopie réaliste*, Albin Michel, Paris, 1989.
– *Rapport moral sur l'argent dans le monde en 2002*, AEF, 2003.
– Rosanvallon, Pierre, *La Nouvelle Question sociale : repenser l'État providence*, Seuil, Paris, 1995.
– Viet, Vincent, et Guerrand, Roger-Henri, *Sociétés anonymes d'HLM depuis 1853 – Une certaine philosophie de l'action privée pour une mission d'intérêt*, Paris, 1997.

Sur l'histoire des Caisses d'Épargne

– Americi, Laurence, « La Caisse d'Épargne des Bouches-du-Rhône au XIXe siècle, un outil financier au service de l'intervention sociale », thèse de doctorat d'histoire, sous la direction de Gérard Chastagnaret, université d'Aix-Marseille I, 2000.
– Bayard, E., *La Caisse d'Épargne et de Prévoyance de Paris ; origine, histoire, législation, 1818-1890*, Hachette, Paris, 1892.
– *La Caisse d'Épargne à tous les âges* (catalogue d'exposition), Les Éditions de l'Épargne, 2002.
– Christen Lécuyer, Carole, « De la philanthropie à la réussite financière : le mouvement des Caisses d'Épargne de 1818 à 1881 », *in* André Gueslin (dir.), *L'État de la recherche sur les Caisses d'Épargne*, *Les Cahiers pour l'histoire de l'épargne*, n° 1, juin 1999.
– Cluzel, Jean, *Les Pouvoirs publics et les Caisses d'Épargne*, LGDJ, Législation contemporaine, 1984.
– Coninck, Séverine de, *Banquiers et philanthropes. La famille Delessert (1735-1868) aux origines des Caisses d'Épargne françaises*, Economica, 2000.
– Coninck, Séverine de, « Les Caisses d'Épargne scolaires en France (1834-1939) », *in* André Gueslin (dir.), *L'État de la recherche sur les Caisses d'Épargne*, *Les Cahiers pour l'histoire de l'épargne*, n° 6.
– Duet, Daniel, « Les Caisses d'Épargne françaises et leur activité. Tradition ou évolution (1818-1981) », thèse de doctorat en sciences économiques, sous la direction de Jacques Percebois, université de Grenoble / Les Éditions de l'Épargne, 1983.
– Duet, Daniel, *Les Caisses d'Épargne* (10e éd. mise à jour), collection « Que sais-je ? », PUF, Paris, 2002.
– Dupin, Charles, *La Caisse d'Épargne et les ouvriers*, Firmin-Didot, Paris, 1837.
– Gueslin, André, « Aux origines de l'État Providence. La mise en place du modèle français des Caisses d'Épargne », *Revue d'Histoire moderne et contemporaine*, avril-juin 1991.
– Gueslin, André, « L'invention des Caisses d'Épargne en France : une grande utopie libérale », *Revue historique*, n° 572, septembre-décembre 1989.
– *Histoire des Caisses d'Épargne européennes* (actes de colloque) : t. 1 / *Les Origines des Caisses d'Épargne, 1815-1848*, Les Éditions de l'Épargne, 1991 ; t. 2 / *La Diffusion de l'idée de Caisses d'Épargne au XIXe siècle*, *idem*, 1994 ; t. 3 et 4 / *Conjoncture et crises (1850-1914), (1914-1945)*, *idem*, 1997 et 1999 ; t. 5 / *L'Évolution des Caisses d'Épargne depuis 1945 : vers la banque universelle ?*, *Les Cahiers pour l'histoire de l'épargne*, n° 3, octobre 2000 ; t. 6 : *Les Caisses d'Épargne entre État et marché*, *idem*, n° 5, décembre 2001.

– Leveau-Fernandez, Madeleine, *Hôtels de Caisses d'Épargne, deux cents ans d'histoire*, Les Éditions de l'Épargne, 1994.
– *Le Livret A : une histoire de l'épargne populaire*, La Documentation française, Paris, 1999.
– Llamby, Laure de (textes rassemblés par), *Les Caisses d'Épargne dans la littérature – XIXe siècle*, Les Éditions de l'Épargne, 2000.
– Marec, Yannick, « L'épargne populaire en France au XIXe siècle et au début du XXe siècle », *Revue d'histoire économique et sociale*, 55e vol., 1977.
– *Mémoires d'Écureuils*, récits autobiographiques, Les Éditions de l'Épargne, 1999.
– Michalet, Charles-Albert, *Les Placements des épargnants français de 1815 à nos jours*, PUF, Paris, 1968.
– Oger, Benoît, « La Caisse nationale d'Épargne. Origines, enjeux, développement (1861-1914) », thèse de doctorat d'histoire, sous la direction de Michel Margairaz, université de Paris-VIII, janvier 2002.
– Priouret, Roger, *La Caisse des dépôts et consignations, cent cinquante ans d'histoire financière*, PUF, Paris, 1968.
– *Recueil méthodique des textes intéressant les Caisses d'Épargne*, Les Éditions de l'Épargne, 1960.
– Rostand, Eugène, *La Réforme des Caisses d'Épargne françaises*, Guillaumin, Paris, 1891.
– *Solidaires, projets d'économie locale et sociale*, Caisse d'Épargne d'Île-de-France, 2002.
– Thiolon, Jean-Pierre, *Les Caisses d'Épargne*, Berger Levrault, Paris, 1971.
– Tournié, Vincent, *Épargne et crises dans la France des années trente. L'exemple des Caisses d'Épargne*, Les Éditions de l'Épargne, 2002.
– Wolikow, C., et Ikni, G., *Le Duc de La Rochefoucauld-Liancourt*, Perrin, Paris, 1980.

Monographies récentes sur les Caisses d'Épargne

À l'occasion de leur centième ou cent-cinquantième anniversaire, les Caisses d'Épargne locales ont, en très grand nombre, rédigé des plaquettes commémoratives ou des historiques dans lesquels sont précisés, avec quelquefois force détails, les faits marquants de leur histoire et de leur action de proximité. Pour des histoires plus récentes de ses entreprises :

– *La Caisse d'Épargne de Midi-Pyrénées 1830-1996*, Privat, Toulouse, 1996.
– *Les Caisses d'Épargne du Languedoc-Roussillon des origines à nos jours*, Privat, Toulouse, 2004 (à paraître).
– *Les Caisses d'Épargne en Bourgogne, deux siècles au service de la collectivité*, Les Éditions de l'Épargne, 1997.
– *175 ans… la Caisse d'Épargne en Haute-Normandie*, Les Éditions de l'Épargne / Éditions Berthout, 1995.
– Dartevelle, Raymond, Dartevelle, Guylaisne, et Americi, Laurence (dir.), *Deux Siècles d'une entreprise citoyenne*, Autre temps, 1997.
– *Histoire des Caisses d'Épargne dans les Pays de Loire* (différentes brochures : Caisses d'Épargne de l'Estuaire, Ancenis, Angers et Saumur, Cholet, Le Mans, Mamers, Nantes, Vendée).

Périodiques

– *Le Journal des Caisses d'Épargne, Recueil mensuel de documents législatifs et administratifs*, Pithiviers, puis Paris, (depuis juin 1882), paraît aujourd'hui sous le titre d'*Épargne et Finances*.
– *La Revue des Caisses d'Épargne, Association amicale des agents généraux, caissiers et employés des Caisses d'Épargne de France*, Reims (depuis 1919).

Sites Internet

– http://www.groupe.caisse-epargne.com (site institutionnel du Groupe Caisse d'Épargne. Sous l'onglet « le Groupe », une rubrique est consacrée à l'histoire des Caisses d'Épargne).
– http://www.belem.tm.fr (site officiel du trois-mâts le *Belem*. On y trouve des renseignements sur l'histoire du navire, sur son activité et ses déplacements, ainsi que des indications sur la Fondation Belem et ses missions).

TABLE DES ILLUSTRATIONS

Languedoc-Roussillon, Montpellier.
55 Le paquebot *Normandie* à New York en 1941.
56 La rue Champlain à Paris vers 1870, photographie de Charles Marville. Musée Carnavalet, Paris.
57 Distribution de pain, photographie anonyme, fin du XIXe siècle. Archives de la Caisse d'Épargne de Bourgogne, Dijon.
58h Frontispice du Rapport du Conseil supérieur des habitations à bon marché.
58b Louis Loucheur, photographie, vers 1920.
59 Publicité pour La Maison, constructeur de maisons individuelles financées par la loi Loucheur, 1920-1930.
60 Projet d'habitation à bon marché, illustration de *Placement fortune personnelle – subventions – œuvres*, début du XXe siècle. Archives de la Caisse d'Épargne Rhône-Alpes, Lyon.
61 Statistiques des opérations et de la fortune personnelle de la Caisse d'Épargne de Lyon, des origines à 1900. Archives de la Caisse d'Épargne Rhône-Alpes, Lyon.
62 Réitérations de prêt par la Caisse d'Épargne de Châlon-sur-Saône à l'Office municipal d'habitations à bon marché, étude de Maître Aimé Echinard, 1934. Archives de la Caisse d'Épargne de Bourgogne, Dijon.
63 Maison ouvrière financée par la Caisse d'Épargne de Dijon. Archives de la Caisse d'Épargne de Bourgogne, Dijon.
64h « Les vertus des jardins ouvriers » (extrait), vers 1920. Fédération des jardins familiaux, Paris.
64b L'abbé Lemire, Fédération des jardins familiaux, Paris.
65 Mademoiselle Vincent, l'une des fondatrices des jardins ouvriers installés à la place des fortifications de Paris.
66-67 « Exposition des plus beaux légumes. Jardins ouvriers de Beaune, La Cerisière », carte postale. Fédération des Jardins familiaux, Paris.
68 Décor du procès-verbal d'inauguration des bains-douches de Sens, août 1911. Archives de la Caisse d'Épargne de Bourgogne, Dijon.
69 Inauguration des bains-douches de Sens le 20 août 1911. Archives de la Caisse d'Épargne de Bourgogne, Dijon.
70 Le couloir des cabines des bains-douches de Sens. Archives de la Caisse d'Épargne de Bourgogne, Dijon.
71 Bon de distribution de pain aux indigents, délivré par la Caisse d'Épargne des Bouches du Rhône, fin du XIXe - début du XXe siècle. Archives de la Caisse d'Épargne Provence-Alpes-Corse-Réunion, Marseille.
72 « L'épargne abrite la vieillesse », illustration de Félix Lorioux pour le calendrier de la Caisse d'Épargne de La Réole, 1936. Collection Charpentier.
73h et **73b** Le car des tout-petits (aménagement intérieur et aspect extérieur), photographies tirées d'une plaquette éditée par la Caisse d'Épargne de Lyon concernant le placement de sa fortune personnelle, 1935. Archives de la Caisse nationale des Caisses d'Épargne, Paris.

CHAPITRE 4

74 Enfants devant la vitrine d'un magasin de jouets, Paris, 1955.
75 Affiche publicitaire de Galatry pour la Caisse d'Épargne, fin des années 1960. Archives des Éditions de l'Épargne, Paris.
76 « Réalisez aussi vos rêves grâce à la Caisse d'Épargne », affiche publicitaire, fin des années 1960. Archives des Éditions de l'Épargne, Paris.
77h Disque de stationnement publicitaire. Archives de la Caisse d'Épargne Rhône-Alpes, Lyon.
77b Lauréate d'un concours organisé par la Caisse d'Épargne, Journée mondiale de l'épargne, 1964. Archives de la Caisse d'Épargne des Pays de Loire, Nantes.
78 « Bons d'équipement industriel et agricole », affiche. Bibliothèque Fornay, Paris.
79 Reconstruction de la ville d'Amiens après la Seconde Guerre mondiale.
80 « Où va l'argent ? Pluie bienfaisante… qui retombe là même où elle est née puisque grâce à une récente réforme la Caisse d'Épargne locale par des prêts directs aux collectivités concourt au mieux-être de tous en permettant ces réalisations », dépliant publicitaire de la Caisse d'Épargne de Pontoise, 1958. Archives de la Caisse d'Épargne du Languedoc Roussillon, Montpellier.
81h Inauguration par le chanoine Kir d'un abri-bus financé par la Caisse d'Épargne de Dijon. Archives de la Caisse d'Épargne de Bourgogne, Dijon.
81b Travaux d'intérêt public réalisé par la Caisse d'Épargne de Limoges. Archives de la Caisse d'Épargne d'Auvergne et du Limousin, Limoges.
82h « Logis neufs… pays neuf », affiche de Guyot et Canaux, vers 1950. Archives de la Caisse d'Épargne Rhône-Alpes, Lyon.
82b Baraquements dans le bidonville de Nanterre, avril 1965.

83 « Eau chaude électrique, eau chaude pas chère », affiche publicitaire de Ch. Lemmel pour EDF. Bibliothèque Fornay, Paris.
84h Banderole d'une manifestation de l'association Droit au logement dans un HLM de la région parisienne.
84b Destruction de la Muraille de Chine, bâtiments de logements sociaux dans le quartier de Montchovet, près de Saint-Étienne, le 27 mai 2000.
85 « Épargne-logement, épargne-placement. Pour ceux qui veulent compter plus », affiche publicitaire, vers 1975.
86 Les Écureuils, logos de la Caisse d'Épargne, 1950, 1965, 1968.
87h Divers livrets proposés par la Caisse d'Épargne dans les années 1980.
87d Enseigne actuelle de la Caisse d'Épargne.
88 Site Internet de la Caisse d'Épargne.
88-89 Titre d'article, *La Tribune*, 10 septembre 2003.
89 Personnes âgées jouant aux cartes. Maison de retraite à la Martinique, créée par l'ANSSE.
90h Blouse rose jouant avec un enfant hospitalisé, association Animations Loisirs à l'hôpital (PELS). Caisse d'Épargne d'Île-de-France, Paris.
90b Construction d'une yole, association Une yole pour le Val-Maubuée (PELS).
91 Institut Le Val-Mande, établissement accueillant des handicapés (PELS).
92g HLM nouvellement financées par la Caisse des dépôts et consignations.
92d Les jardins de la Montagne verte, à Strasbourg, Association pour la réinsertion de chômeurs aidée par la Caisse d'Épargne d'Alsace dans le cadre des projets d'économie locale et sociale (PELS).
93 Jeunes enfants visitant un parc naturel de l'Avesnois, dans le cadre du projet Objectif Nature.
94 Kids stadium (PELS). Caisse nationale des Caisses d'Épargne.
95 Partenariat Caisse nationale des Caisses d'Épargne – WWF.
96 Le *Belem*.

TÉMOIGNAGES ET DOCUMENTS

97 « Les petits ruisseaux font les grandes rivières », dessin de A. Bourdin, *Étude sur les mesures de propagande que penvent employer les Caisses d'Épargne*, Caisse d'Épargne de Roubaix, 1935. Archives de la Caisse d'Épargne Rhône-Alpes, Lyon.
101 Club féminin, 1re moitié du XIXe siècle. BnF, Paris.
110 « La Gigolette du Panamá », couverture de la partition de la chanson de P. Dumont.
113 Caricature de Pancho, *Le Canard enchaîné*, 23 juillet 2003.
115 Fronton de la Caisse d'Épargne de Lyon.

INDEX

A - B

C

D - E

CRÉDITS PHOTOGRAPHIQUES

AFP, Paris 84b. Archives Gallimard 16, 29, 101, 110. Archives nationales, Paris 21. Association pour l'histoire des Caisses d'Épargne, Paris / IMAGECO Couv. 1er plat, dos, 2e plat, 2h, 7b, 11, 13, 27, 28h, 31h, 31b, 32h, 35, 37, 43bd, 47b, 53, 72h, 80, 86, 87, 97, 115. Bibliothèque Forney, Paris 78, 83. Bibliothèque nationale de France, Paris 38, 38-39, 40h. Bridgeman Giraudon, Paris 15, 56. Caisse d'Épargne des Alpes, Grenoble 48g. Caisse d'Épargne d'Auvergne et du Limousin, Limoges 33b, 44b, 45, 81b. Caisse d'Épargne de Bourgogne, Dijon 43hd, 46, 46-47h, 48-49, 57, 62, 63, 68, 69, 70, 81h. Caisse d'Épargne Centre-Val de Loire, Tours 32-33. Caisse d'Épargne d'Île-de-France, Paris 24, 25b, 91. Caisse d'Épargne du Languedoc-Roussillon 54. Caisse d'Épargne des Pays de Loire, Nantes 32b, 77b. Caisse d'Épargne Provence-Alpes-Corse-Réunion, Marseille 51h, 71. Caisse d'Épargne Rhône-Alpes, Lyon / IMAGECO 25h, 28b, 30, 42, 43b, 44h, 60, 61, 77h, 82h. Caisse nationale des Caisses d'Épargne 19h, 19b, 73h, 73b, 88, 90d. Caisse nationale des Caisses d'Épargne / P. Duvert 89. Caisse nationale des Caisses d'Épargne / Egilvy 8h. Caisse nationale des Caisses d'Épargne / S. Modet 94. Caisse nationale des Caisses d'Épargne / WWF, Paris 95. Caisse des dépôts et consignations 39b. Caisse des dépôts et consignations / Pettina 90g. Collection L. Americi 26. Corbis / P. Turnley 6-7. G. Dagli Orti, Paris 40-41. Éditions de l'Épargne, Paris 5h, 75, 76, 85. Éditions de l'Épargne, Paris / E. Brochart 49, 50, 51b. Fédération nationale des jardins familiaux, Paris 64h, 64b, 66-67. Fondation Belem, Paris 96. Magnum/ T. Hoepker, Paris 8-9. Musée des Beaux-arts, Bordeaux 17. Pancho 113. Photothèque des Musées de la Ville de Paris 34, 52. Rapho / J.-L. Courtinat, Paris 92h, 92b, 93. REA / M. Nasci, Paris 84h. REA / Ludovic 87. RMN, Paris 12. RMN / G. Blot 20. RMN / C. Jean 22. RMN / H. Lewandowski 14, 36. Roger Viollet, Paris 1, 2-3, 4-5, 18, 23, 55, 58, 59, 65, 74, 79. Rue des Archives, Paris 82b. © ADAGP, Paris 2003 11. © Excoffon Couv. 1er plat.

REMERCIEMENTS

L'auteur tient à remercier Charles Milhaud et Nicole Moreau pour l'intérêt qu'ils portent, depuis toujours, à la valorisation du patrimoine du Groupe Caisse d'Épargne. Elle remercie également Jean-Louis Hébert pour sa confiance ; Henri Bonetti, Jean Borenstein, Marie-Noëlle Chatin, Noël Collet, Valérie David, René Didi, Daniel Duet, Pierre-Olivier Monteil, Jacques Negri et Pierre Servent pour leur appui et leurs judicieux conseils ; Joseph d'Aragon, Béatrice Aubé, Pascal Briend, Michel Cazes, Josiane Duret, Alexandre Dagort, Éric Gavoty, Patricia Genoux, Sylvie Godquin, Frédéric Konate, Marie-Françoise Pillon, Albert Pinto et WWF France pour leur aide et leur disponibilité.
L'éditeur adresse à Jean Borenstein ses chaleureux remerciements.

ÉDITION ET FABRICATION

DÉCOUVERTES GALLIMARD
COLLECTION CONÇUE PAR Pierre Marchand.
DIRECTION Élisabeth de Farcy.
COORDINATION ÉDITORIALE Anne Lemaire.
GRAPHISME Alain Gouessant.
COORDINATION ICONOGRAPHIQUE Isabelle de Latour.
SUIVI DE PRODUCTION Fabienne Brifault.
SUIVI DE PARTENARIAT Madeleine Gonçalves.
PRESSE Flora Joly et Pierre Gestède.

LES MÉTAMORPHOSES DE L'ÉPARGNE
ÉDITION Frédéric Morvan Becker.
ICONOGRAPHIE Claire Balladur.
MAQUETTE ET MONTAGE Anne-Claire Méry.
LECTURE-CORRECTION Pierre Granet.
PHOTOGRAVURE André Michel.

Diplômée de 3e cycle de lettres modernes et licenciée en histoire de l'art, Laure de Llamby est depuis 1998 chargée d'étude de l'Association pour l'histoire des Caisses d'Épargne. De 1995 à 1998, elle a participé à l'écriture de différents ouvrages au sein de la Mission des travaux historiques de la Caisse des dépôts et consignations, grâce à laquelle elle a pu mener, à Paris et à l'université de Harvard (Cambridge, Mass.), des recherches sur l'évolution de la conception de l'argent dans l'art et la littérature. Ses fonctions l'ont ainsi conduite, depuis près de dix ans, à étudier et faire connaître l'histoire de l'épargne et des Caisses, dans leurs dimensions économique, financière, sociale ou culturelle. Elle a, entre autres ouvrages, contribué à la rédaction de : *Du dépôt au dépositaire* (AEF, 1998) ; *Le Livret A : une histoire de l'épargne populaire* (La Documentation française, 1999), et est l'auteur de *Les Caisses d'Épargne dans la littérature* (Les Éditions de l'Épargne, 2000).

Cet ouvrage a été réalisé avec le soutien du Groupe Caisse d'Épargne.

Dépôt légal : novembre 2003
Numéro d'édition : 124463
ISBN : 2-07-03208-3
Imprimé en France par IME
n° d'impression 16873

R. Blauscheck

Randonnées AU BORD DE L'EAU

Observer - Identifier - Connaître

Traduction et adaptation
Jean-Louis Parmentier

Les 142 photographies en couleurs sont de R. Blauscheck (pp. 7-19, 23, 26/27, 28, 29, 30, 33, 35, 36, 38, 39, 42, 43, 46, 53, 56, 58-62, 63, 67, 68, 73, 80, 81, 86, 89, 94, 95-103, 114-123) ; H. D. Brandl (p. 24) ; J. Diedrich (pp. 24, 25, 94, 107) ; K. Frantz (pp. 46, 108) ; H. Fürst (pp. 39, 77) ; H. Fürst et D. Stahl (p. 76) ; G. Jurzitza (p. 52) ; A. Klees (pp. 110, 111, 112) ; R. König (pp. 50/51) ; W. Layer (pp. 45, 53, 69, 91) ; A. Limbrunner (pp. 2/3, 22, 23, 45, 47, 49, 76) ; D. Nill (p. 31) ; H. Pfletschinger et T. Angermayer (pp. 22, 23, 25, 29, 30, 32, 48, 69) ; E. Pott (pp. 70, 71, 87, 105) ; Reinhard-Tierfoto (p. de garde, pp. 1, 4/5, 22, 32, 63, 71, 78/79, 83, 113) ; H. Reinhard et T. Angermayer (p. 23) ; S. Sammer (p. 109) ; F. Sauer (pp. 31, 37, 48) ; H. Schneider (p. 47) ; P. Schönfelder (p. 57) ; H. Schrempp (p. 30) ; W. Schubert (pp. 87, 106) ; O. Synatzschke (pp. 55, 70) ; J. Weber (pp. 90, 105) ; K. Wernicke (pp. 24, 25, 104, 112) ; L. Zier (p. 109) ainsi que 6 illustrations en couleurs et en double page de Marianne Golte-Bechtle (pp. 40/41, 85/86, 92/93) et Ulrike Müller (pp. 64/65, 74/75, 100/101)

Création et réalisation de la couverture :
Studio CB, Carpentier-Bachelet, Paris

Composition et mise en page :
Artegrafica, Paris

Imprimé en Italie par
G. Canale & C. S.p.A., Borgaro Tse, Torino

Si vous désirez être tenu au courant des publications de l'éditeur de cet ouvrage, il vous suffit d'envoyer votre adresse, en mentionnant le pays, aux éditions

DELACHAUX ET NIESTLÉ
Service de promotion
79, route d'Oron
CH- 1000 Lausanne 21

Vous recevrez régulièrement, sans engagement de votre part, nos catalogues et une information sur toutes les nouveautés que vous trouverez chez votre libraire.

Ce livre est édité en collaboration avec le WWF (Fonds Mondial pour la Nature)
Vous trouverez les adresses du WWF par pays en fin d'ouvrage.

ISBN 2-603-00835-8

Sommaire

Avant-propos

L'eau sous toutes ses formes conditionne la vie sur terre : que ce soit dans les ruisseaux, les étangs et les lacs, dans les brumes d'une gorge étroite, ou sous les glaces d'une étendue lacustre, les organismes vivants ont besoin d'eau. Nous n'apprécions jamais assez l'importance de cet élément vital, et même nous agissons comme si la pureté de l'eau était la chose la moins importante du monde.

Si nous considérons notre environnement proche, nous constatons immanquablement l'activité destructrice de notre société irresponsable : ceci n'est souvent qu'une lente pollution de l'eau de boisson, mais ce peut être aussi une décharge sauvage, donc illégale, à proximité d'une source.

Les masses de détritus que nous accumulons en d'énormes épaisseurs comprennent des bidons d'huile de vidange, des boîtes de peinture et des bouteilles en matière plastique, qui libèrent lentement mais sûrement leur contenu délétère. Nous ne nous rendons jamais compte des raisons pour lesquelles disparaissent progressivement les espèces animales et végétales. Si nous portions plus d'intérêt au maintien de la salubrité de l'atmosphère, des eaux et du sol, et si nous ne réagissions pas toujours avec insouciance, nous pourrions sauvegarder bien des espèces sans qu'il soit besoin d'avoir recours à des mesures particulières, et généralement coûteuses, pour les protéger.

J'ai tâché, dans le présent ouvrage, de suggérer des idées aux amis de la nature de tous âges, afin qu'ils puissent faire leurs propres observations, telles qu'elles sont encore possibles dans l'environnement naturel des ruisseaux, des étangs et des lacs. Les eaux nous offrent toute l'année de très intéressantes possibilités, même en hiver, quand la vie se met « en veilleuse ».

Mais peu nombreux sont ceux qui connaissent les petits secrets, souvent fascinants, de la vie sur et sous la surface de l'eau. Lors de nombreuses randonnées, j'ai constaté à quel point enfants, jeunes gens, et même parents, s'intéressent aux choses et combien de questions ils posent, en voyant vivre les larves de libellules et les dytiques, les têtards ou les tritons capturés dans le filet troubleau.

Le présent ouvrage est destiné à permettre la détermination et à amener le lecteur à observer par lui-même : les enfants doivent ainsi acquérir l'expérience de la nature autrement que par la biologie « en conserve » des films. S'il en est pour comprendre combien est essentielle la conservation des dernières zones aquatiques existantes, avec les espèces animales et végétales qui y vivent, alors j'aurai atteint mon objectif.

Le contact raisonné avec la nature environnante peut inciter enfants et adolescents à concourir eux-mêmes plus efficacement aux futures actions de protection de la nature.

Notions d'hydrologie

Avant de commencer nos « Randonnées au bord de l'eau » au fil des saisons, il convient de connaître certains principes pour une meilleure appréhension de l'observation personnelle.
Les principaux facteurs qui conditionnent un type hydrologique sont les suivants :

- la température
- la proportion d'oxygène dissous
- la vitesse du courant
- la proportion d'éléments nutritifs
- le pH (« mesure de l'acidité »).

Ci-dessus
Il faut éveiller de bonne heure chez les enfants l'intérêt pour la nature. Une promenade au marais est un excellent préambule.

Il est évident que les différentes caractéristiques sont interdépendantes. Mais la plupart des amis de la nature connaissent mal ce qui les lie. Le phénomène le plus important et le plus marquant est le gel des eaux en hiver. Toutefois, les eaux sont loin d'être également touchées : la vitesse du courant d'un ruisseau ou la superficie d'un étang déterminent le degré et la durée du gel.
La proportion d'oxygène dissous et la température sont en rapport étroit : l'eau froide d'un torrent de montagne peut dissoudre énormément plus d'oxygène, en raison des lois de la physique, que les eaux d'une mare chaude. Si l'on faisait passer des animaux d'un torrent dans une mare plane et ensoleillée,

La plupart des sources en cuvettes ont des eaux fraîches et limpides.

ils mourraient rapidement par manque d'oxygène.
Pour une meilleure vue d'ensemble, nous avons classé les eaux de nos régions en trois catégories d'ensemble, à savoir :

1) La zone des sources
2) Les eaux courantes : ruisseaux et rivières
3) Les eaux stagnantes : fondrières et marais, mares, étangs, lacs.

La multiplicité des formes intermédiaires au sein de chaque catégorie est cependant si grande, que seuls les principes généraux peuvent en être déterminés. Un marais des Alpes présente certes des similitudes avec son homologue des plats pays, mais les eaux alpines se présentent tout autrement en fonction du substratum rocheux, de l'environnement, de l'insolation et de l'altitude.

La zone des sources

La pureté proverbiale de l'eau de source, limpide et pure, n'existe plus guère aujourd'hui que dans les contes. Cette eau, naguère saine, n'est plus, en bien des endroits, qu'une solution toxique de déchets agricoles et de rejets domestiques.
Lorsque la nappe phréatique affleure à la surface en donnant naissance à une source, elle a généralement effectué un long parcours souterrain parmi les minéraux et les roches. La plupart des substances entraînées sont souvent éliminées par filtration, dans leur trajet souterrain, lors du passage à travers des micropores et microcavités. C'est pourquoi l'eau de source est normalement pauvre en substances nutritives et en oxygène,

Les sources suintantes sont annoncées par les verts tapis de cresson doré (Chrysosplenium oppositifolium).

d'autant plus que des processus de décomposition consomment une partie de l'oxygène dissous, pendant la traversée des couches supérieures du sol. A sa sortie, l'eau de source est à une température basse et constante de 8 à 9° C, du fait de l'absence de gel dans les profondeurs et malgré les variations climatiques saisonnières.
Par rapport à l'environnement, une source fournit de l'eau fraîche en été, et relativement chaude en hiver. Les variations au cours de l'année sont inférieures à 2° C. C'est pourquoi les sources, normalement, ne gèlent pas complètement durant les hivers rigoureux. Mais leurs caractéristiques, donc leurs types, varient beaucoup : ainsi, les types d'eau débitée permettent de faire la distinction entre les sources suintantes (et bourbeuses), les sources en cuvettes (et de fondrières), et les sources jaillissantes (ou en fontaine).
La forme la plus fréquente est celle des sources suintantes, qui charient une vie insignifiante en général. La nappe phréatique suinte graduellement du sol par dessus une couche retenant l'eau. Les sources suintantes et bourbeuses sont caractérisées typiquement par de grandes cuvettes marécageuses portant une végétation guère spécialisée mais qui leur est propre. On y trouve des espèces bien connues, comme le Cresson doré (*Chrysosplenium oppositifolium*), le Cresson de fontaine (*Nasturtium officinale*) et la Cardamine amère (*Cardamine amara*). L'arrivée d'eau, faible ou

répartie sur une grande surface, se rassemble progressivement en de nombreux ruisselets pour former le ru primordial. Les quelques habitants hautement spécialisés des sources passent toute leur vie dissimulés sous les plantes ou les feuilles mortes. Les espèces photophobes sont habituées à l'obscurité permanente des eaux souterraines, mourant très rapidement à la lumière du jour et pour la moindre élévation de température de l'eau. Ces hôtes des sources comprennent notamment les crevettes d'eau douce (genre *Gammarus*), la Physe des fontaines (*Physa fontinalis*, et autres physes et limnées), et la Crénobie des Alpes (*Crenobia alpina*).
Lorsque le débit d'eau sortant est plus important et entraîne par endroits les éléments du sol les plus légers, il s'agit de sources en cuvettes ou de fondrières.
Lorsque l'eau du fond tourbillonne fortement, on voit souvent « bouillir » de petits jets de sable montants. Les sources en cuvettes se trouvent dans les plus petites dépressions, dont le diamètre ne dépasse souvent pas un mètre, et où les matériaux entraînés par les tourbillons sont évacués de plus en plus vers l'extérieur.
Les matières légères et à grain fin sont délavées, et les surfaces sableuses du sol révèlent sans équivoque une source en cuvette.
Dans les cuvettes de sources plus grandes, il se forme souvent d'importantes colonies végétales nageantes. Celles-ci sont caractérisées par des plantes aquatiques, comme l'Hottonie des marais (*Hottonia palustris*) et certaines renoncules (*Ranunculus*). Mais il y a aussi des espèces riveraines, tels le Cresson de fontaine (*Nasturtium officinale*) et la Cardamine amère (*Cardamine amara*).
La vie animale, ici, ne se déroule pas de façon aussi discrète que dans les sources suintantes. On observe fréquemment, dans les sources en cuvettes, les mêmes espèces que dans les marais alimentés par les eaux superficielles. Des amphibiens, comme le Triton palmé (*Triturus helveticus helveticus*), la Grenouille rousse (*Rana temporaria*) et la Salamandre tachetée (*Salamandra salamandra*), viennent volontiers y frayer. Grâce à l'alimentation constante en eau relativement chaude, les processus vitaux ne sont guère interrompus durant l'hiver. Même les sources des lieux fortement enneigés sont peuplées de nombreux et actifs occupants.
Les sources jaillissantes, forme la plus spectaculaire d'émergence, se trouvent plus particulièrement en haute montagne, où d'énormes quantités d'eau s'écoulent de fentes rocheuses, souvent longues de quelques centimètres seulement. Il n'y a là guère d'espace pour les peuplements végétaux. Tout ce qui se trouve sur la route de l'eau courante est entraîné en aval par le courant.
On trouve même des sources jaillissantes sur de plus petits reliefs : elles se font jour sur les escarpements et les pentes quand des couches imperméables à l'eau offrent en ces endroits des issues aux nappes phréatiques.
Lorsque l'eau coule en cascades rocheuses, on observe fréquemment des « surfaces de ruissellement », où l'eau qui ruisselle entretient un film permanent d'humidité sur les

En haut
Une source jaillissante se fraye vigoureusement un chemin dans le sous-sol

En bas
L'eau des sources de fondrières creuse de petites cuvettes dégagées.

Les torrents déversent leurs masses d'eau natives et puissantes vers la vallée.

roches et les végétaux. Nombre de parois rocheuses moussues traduisent l'existence d'une surface de ruissellement avec son biotope hautement spécialisé, dont les individus arrivent à survivre dans le film hydrique extrêmement mince qui recouvre roches et plantes.

Les eaux courantes

La caractéristique la plus importante et la plus déterminante des eaux courantes est la vitesse du courant. Qu'il s'agisse du courant impétueux et grondant des torrents de montagne ou du cours inférieur tranquille d'une rivière de plaine, chaque cours d'eau possède sa faune et sa flore caractéristiques. Dans les premiers, les êtres sont obligés, par le courant rapide, de lutter constamment pour survivre, ce qui a abouti à des adaptations telles que les formes parfaitement aérodynamiques, la possession de crochets et de griffes, et des méthodes de chasse perfectionnées. Dans le second, les organismes doivent affronter l'insuffisance d'oxygène dissous et les vases chargées de substances toxiques.

Les habitants des zones proches des sources sont adaptés aux conditions régnant en amont. A quelques centaines de mètres plus bas, la plupart d'entre eux ne survivent déjà plus que peu de temps, la température plus élevée et la moindre proportion d'oxygène leur étant particulièrement néfastes.

Au fil des ruisseaux et torrents, certaines caractéristiques changent énormément : l'eau, coulant de plus en plus lentement, laisse déposer en premier lieu les grosses pierres dans le cours supérieur. Peu à peu, les pierres abandonnées font place à de vastes lits de galets, et finalement, un fin limon sédimente en aval. C'est ainsi que la grosseur de grain du lit permet de déterminer la vitesse du courant. Au-dessus de 1,5 m par seconde, les grosses pierres sont entraînées ; à 0,5 m/s, c'est encore le sable, et enfin, à partir de 0,2 m/s, seul le limon fin est déplacé.

La diminution de la vitesse du courant et l'accroissement conséquent de l'insolation font augmenter concurremment la température et ses variations saisonnières. En été, celle-ci peut très bien atteindre 20 à 25° C dans les tronçons de cours lents et ensoleillés.

Mais l'accroissement de la température est accompagné d'une réduction de la proportion d'oxygène dissous : à l'embouchure, l'eau peut dissoudre seulement la moitié du pourcentage d'oxygène

qui est dissous dans la zone constamment fraîche des ruisselets issus de sources.
La dynamique désordonnée de l'amont se calme progressivement au cours de la vie d'un torrent ou d'un ruisseau, pour passer au régime tranquille du ruisseau de moyenne altitude, son environnement se modifiant toutefois continuellement. Alors qu'il est toujours réduit à son lit creusé profondément dans son cours supérieur, il semble s'élargir irrégulièrement dans son cours inférieur. Un ruisseau à l'état naturel, non encore canalisé entre des berges bétonnées, forme des méandres dans la vallée. Sur la rive convexe intérieure (la rive droite), à courant plus lent, et basse, de plus en plus de galets, de sable et de limon s'accumulent en formant une grève. Sur la rive concave intérieure (la rive gauche), progressivement rongée par le courant plus rapide, il se forme un abrupt. On dit d'un cours d'eau soumis à ce phénomène en perpétuelle gestation qu'il méandre. Il n'est pas rare qu'un ruisseau à l'état naturel voie son cours varier après les crues de printemps et d'automne, de sorte qu'il se forme des bras morts.
C'est surtout en plaine que les grands fleuves comme le Rhin ont formé orginellement d'importants systèmes de bras morts, dont le rôle a été unique pour la flore et la faune. On y trouvait des colonies de reproduction d'Hirondelles de rivage (*Riparia riparia*) et de grands peuplements de Hérons cendrés (*Ardea cinerea*). Mais l'homme, en effectuant des travaux destinés à lutter contre les crues, a irrémédiablement détruit les zones d'eaux mortes avec leurs landes boisées, jonchaies et saulaies, réduites à des vestiges.
Les sociétés de pêche classent les cours d'eau en zones de pêche selon le peuplement ichtyologique,

Un ruisseau de prairie, dans son état naturel, permet à de nombreux êtres de vivre.

et les nomment d'après les espèces principales qui y vivent. La zone à truite du cours supérieur est suivie par la zone à ombre dans le cours moyen, qui précède la zone à barbeau. A partir du cours inférieur, lorsque le cours d'eau s'est assagi et est devenu une grande rivière lente, on se trouve dans la zone à brème. Enfin, on arrive à la région des estuaires, subissant l'influence des marées qui font l'eau saumâtre, la zone à flet et à grémille entre autres espèces.
Ces espèces principales, dont on se sert pour la dénomination des zones, sont accompagnées par des espèces secondaires, pouvant fréquenter plusieurs zones concurremment.

Des racines d'arbres retenant les berges rendent superflues les consolidations artificielles.

Les eaux stagnantes

Par comparaison avec le milieu toujours en mouvement des ruisseaux, les marais, les mares, les étangs et les lacs sont des zones de calme dans le paysage. Là, nous découvrirons, souvent après de patientes recherches, quelque vie dans l'enchevêtrement des plantes aquatiques ou parmi les roseaux. Les eaux stagnantes sont classées en fonction de leur étendue et de leur origine.

Les toutes petites collections d'eau, souvent profondes de quelques centimètres seulement, et qui peuvent s'assécher après quelques jours sans pluie et ensoleillés, sont des fondrières. Il peut s'agir également des eaux peu profondes qu'on observe dans les carrières, ou des ornières remplies temporairement sur les chemins forestiers. Malgré tout, une faune étonnamment riche y vit parfois. Des espèces spécialisées d'amphibiens arrivent souvent même à s'y reproduire (on verra à ce sujet le chapitre « Jusqu'à la dernière goutte »).

Les flaques sans profondeur, et souvent dépourvues de végétation, s'échauffent au moindre ensoleillement jusqu'à 25 à 30° C, et perdent de ce fait la quasi totalité de leur oxygène dissous.

Les collections d'eau plus grandes et plus durables, couvrant plusieurs mètres carrés, mais qui s'assèchent aussi régulièrement et sont souvent profondes de moins de 50 cm, sont des marais. Dès le début du printemps, alors que la neige n'est pas

L'agriculture n'a laissé que peu de ruisseaux de plaine ou de vallée dans leur état naturel, comme ici.

encore totalement fondue, on y voit grouiller une intense activité de la part d'animaux qui mettent à profit les quelques semaines à leur disposition, avant le dessèchement, pour que la nouvelle génération croisse. Mais il suffit de quelques heures d'insolation pour que la température superficielle de l'eau monte à plus de 25° C. Quelques organismes seulement peuvent se développer dans ces conditions extrêmes : il n'y a pas habituellement de poissons. Toutefois, il arrive que le frai des poissons soit amené à nouveau par les oiseaux aquatiques, ce qui permet alors un repeuplement.

C'est justement dans les prairies fluviales que l'évolution naturelle des petites étendues d'eau est aussi nette que celle des marais : après une crue, il reste souvent de petits creux peu profonds, où la couverture végétale installée est asséchée, et où le sol est emporté. Pendant quelques années, ces marais constituent des niches écologiques susceptibles d'être colonisées avant qu'elles ne se dessèchent à nouveau ; en effet, la végétation étant intensive, la surface de l'eau libre fait place à des broussailles enchevêtrées. Aujourd'hui, il n'y a plus malheureusement que quelques cours d'eau suffisamment sauvages qui transforment sans cesse leurs abords. De plus, étant donné la sédimentation de bancs de sable, de graviers et de galets, on voit fréquemment se former de petites eaux dormantes auprès des rivières évoluant de façon naturelle. Les sablières et les gravières, où l'eau

forme des flaques ou des fondrières, sont de type très semblable. Etant donné les déprédations actuelles de l'homme, cellesci permettent à la faune et à la flore d'y trouver des conditions comparables. En particulier, les flaques profondes de quelques centimètres et les fondrières riches en espèces végétales, se trouvant à proximité de pentes sableuses ensoleillées, sont d'idéales niches écologiques dues à la main de l'homme. La profusion d'espèces qui s'y trouvent révèle toute l'importance vitale de ces excavations.

Actuellement, il ne se forme plus guère de petites collections d'eau, dans nos régions, sans l'intervention humaine. Les marais existants vont en disparaissant du fait du processus naturel de dessication. A long terme, ces précieuses niches écologiques peuvent aussi se former dans les prairies humides, lorsque de l'eau s'y rassemble dans une dépression et permet à des fourrés d'y croître. Il arrive à se former, en quelques années, par densification et affaissement pro-

Ci-dessus
A cause des énormes quantités de limon entraînées par les rivières dans leur cours inférieur, il se forme dans les derniers tronçons jusqu'à la mer, de larges et plates zones riveraines.

Ci-contre, en haut
Les ornières emplies d'eau sont, même pour une brève durée, d'utiles petites pièces d'eau.

Ci-contre, en bas
Les fondrières des prairies exploitées risquent surtout d'être polluées par les produits agricoles.

gressif du sol, un étang permanent, dont l'étendue ne diffère guère de celle d'un marais. Généralement, l'étang est cependant plus profond, soit environ jusqu'à 1,50 m, et en de rares cas jusqu'à 2 m. Deux critères importants caractérisent l'étang : il n'a pas d'alimentation ni d'émissaire, et il est d'origine naturelle. Son pendant créé artificiellement est la pièce d'eau, généralement à l'usage de vivier.

L'étendue et la profondeur d'un étang permettent l'établissement d'une remarquable flore. Même les endroits les plus profonds y sont peuplés, grâce à l'abondance de l'éclairement. Bien que la température augmente rapidement en été, ses eaux restent alors bien oxygénées, car l'abondante végétation immergée y produit plus d'oxygène que l'eau ne peut en dissoudre.

De nombreux animaux profitent de

Les marais de forêt ne possèdent généralement qu'une végétation pauvre.

l'abondance et de la permanence de l'oxygénation des étangs. En hiver même, nombre d'animaux ne quittent pas les eaux, hivernant à l'abri du gel dans la vase profonde du fond.

Au fond des étangs, la température de l'eau ne descend jamais en dessous de 4° C, du fait de ses propriétés physiques : à 4° C, elle est à sa densité maxima, ce qui fait que l'eau plus froide est paradoxalement plus légère et se trouve portée vers la surface.

Les lacs sont les plus vastes eaux stagnantes. En simplifiant, un lac dispose d'un affluent qui l'alimente et d'un émissaire qui le vide, à une profondeur supérieure à 2 m, et donc est dépourvu de végétation

Dans un étang, chaque zone de végétation est souvent bien délimitée.

dans sa zone profonde. Etant donné sa masse, il n'est pas soumis à de rapides variations de température comme les étendues d'eau plus petites. Grâce à l'affluent et à l'émissaire, les poissons peuvent traverser les lacs lors de leurs migrations de reproduction ; c'est pourquoi la faune icthyologique est particulièrement bien développée et diffère nettement des populations de petits poissons, souvent réduites, des petites pièces d'eau.
Du fait de leur masse, les lacs sont le lieu d'un phénomène physique particulier : le rayonnement solaire est responsable de la stratification des températures de l'eau, qui est bouleversée au cours de l'année. La strate supérieure, qui s'échauffe fortement en été, est l'*épilimnion*, qui reste aussi à proximité de la surface puisque l'eau chaude est plus légère que la froide. Faute d'insolation suffisante et par suite du faible échauffement qui en résulte, l'eau profonde reste relativement froide. Et comme les plantes aquatiques y manquent, elle n'est pas suffisamment oxygénée. Entre la strate profonde, l'*hypolimnion* et l'*épilimnion* de surface se trouve la zone intermédiaire dite *métalimnion*, qui délimite nettement les deux strates de température, surtout en été (ce phénomène est bien ressenti quand, en nageant, on sent subitement ses pieds devenir froids).
La stratification subsiste même lors des déplacements de l'eau dus au vent, car le *métalimnion* empêche la descente de la strate d'eau chaude dans les profondeurs

froides, puisque les masses hydriques s'y déplacent comme sur une surface glissante.
C'est seulement en l'absence d'une insolation suffisante que la zone intermédiaire n'exerce plus son action séparatrice, et que les déplacements éoliens mélangent les eaux jusqu'à proximité du fond. C'est pourquoi, en été, l'eau profonde arrive à être plus froide qu'en automne.

Renseignements pratiques pour le limnologue

Avant d'entreprendre des randonnées au bord de l'eau, il faut bien se rendre compte que chaque incursion y représente une perturbation du peuplement aquatique, fragile. Les animaux et les végétaux qui y vivent dépendent bien plus de leur milieu naturel, étroitement limité, que les hôtes d'un vaste espace écologique comme la forêt. De plus, il arrivera souvent qu'on traverse également des propriétés privées, car nombre de petites pièces d'eau sont artificielles, et leurs propriétaires n'apprécient guère que des intrus franchissent les clôtures pour explorer les étangs qui leur appartiennent.
Lorsqu'une pièce d'eau se trouve dans un pâturage servant d'abreuvoir, il convient de prendre toutes précautions utiles. Les agriculteurs voient d'un mauvais œil des promeneurs dans leurs prés, surtout quand ils perturbent leur bétail.
Pour éviter de grands ennuis, on s'adressera préalablement au propriétaire d'un terrain en lui expliquant ce qu'on désire faire. En agissant ainsi, personne ne s'opposera en général à ce qu'on étudie le petit monde animal de « son » étang.
A proximité de toute collection d'eau, on observe des amphibiens, qui disposent souvent de grandes frayères, demandant à être particulièrement protégées. Mais comme nombre d'espèces indigènes d'amphibiens sont protégées par la loi en de nombreux endroits, tels les salamandres, tritons, crapauds et grenouilles, il est alors interdit de nuire aux lieux de reproduction, d'éclosion, de séjournement et d'abri de ces animaux menacés : il est seulement permis de les observer et de les photographier. Seules sont interdites les nuisances apportées par la capture et les fouilles. A vrai dire, il ne faut même pas pénétrer dans l'espace vital des amphibiens, c'est-à-dire leurs eaux, et encore moins les capturer ni jamais – horreur ! – les rapporter chez soi. Le fait même de détenir dans les établissements scolaires des têtards de grenouilles est une infraction. Or, la capture et la détention des espèces même les plus abondantes devraient faire l'objet d'une dérogation exceptionnelle. Des informations à ce sujet peuvent être obtenues auprès des administrations responsables de la protection de la nature, selon les lieux et les pays. Ces administrations ainsi que les organismes écologiques peuvent en outre conseiller et assister les particuliers sérieux, et même les accueillir dans des associations s'occupant de la protection et du recensement des espèces présentant un intérêt. On trouvera à la fin de cet ouvrage quelques adresses utiles.
Il est donc indispensable de

connaître ce qui est interdit, notamment de capturer des animaux aquatiques et de les élever dans des aquariums. Par conséquent, tous les animaux découverts au cours d'une randonnée doivent être remis en liberté dans leur niche écologique. On comprendra aisément que ceci vaut pour tous les animaux aquatiques, poissons, insectes, et mollusques (gastéropodes et bivalves). Il faut en tous les cas prêcher d'exemple, même quand l'envie de rapporter des « prises » nous démange.

Comportement à respecter

Il n'y a rien de plus répréhensible que de nuire sans nécessité à la flore et à la faune pour assouvir une curiosité exagérée. Il convient donc d'observer certaines règles de comportement, si l'on est vraiment un ami de la nature.

Le calme et la prudence ont une importance particulière, car en effet, dans les eaux, nombre d'animaux dérangés s'enfuient. C'est pourquoi il faut d'abord observer de la rive ce qui se passe au bord, à la surface de l'eau ou sous l'eau. Certaines espèces sont si bien camouflées qu'on ne peut les découvrir qu'après une longue observation.

Il ne faut jamais pénétrer dans des eaux à végétation dense, sous peine d'endommager celle-ci. Les roselières ou cannaies sont très sensibles au piétinement, au point qu'on y voit les traces du passage durant des semaines.

On pénétrera seulement dans les zones découvertes des marais, où la visibilité est bonne, et sans végétaux. On y pataugera avec précaution et on y soulèvera le moins possible de vase.

Equipement du limnologue

- Un filet troubleau (ou trouble-eau, qu'on nomme aussi un trouble), résistant, à long manche, et si possible avec un filet proprement dit à grosses mailles et à base de l'entrée rectiligne.
- Un filet à main plus petit, pour les balayages courts, comme un filet pour aquariums.
- Un petit aquarium en matière plastique, pour les observations « sous l'eau ».
- Plusieurs récipients à couvercle vissant (des pots de confitures) pour pouvoir y isoler des animaux prédateurs. Attention : si tous les habitants du marais étaient rassemblés, il s'ensuivrait sûrement des meurtres !
- Une loupe à main grossissant 8 à 10 fois.
- Un carnet de notes de format A 5, pour y consigner les observations à l'aide d'un crayon à mine et à gomme, rattaché par une ficelle.
- Un grand sac de matière plastique étanche à l'eau, à fermeture à glissière, pour y mettre le matériel.
- Des manuels de détermination des animaux et végétaux aquatiques.
- Pour l'étude des eaux, des brucelles et un pinceau fin, destinés à capturer les petits et fragiles animaux aquatiques.
- Des jumelles légères pour observer les libellules en chasse et les habitants des roseaux, grossissant 8 à 10 fois.
- Un appareil photo reflex, à macrotéléobjectif de 100-150 mm, pour la chasse photographique, y compris des animaux peureux.

Il convient de porter constamment des bottes en caoutchouc pour les randonnées au marais.

◁ *Les mâles de Triton crêté (Triturus cristatus cristatus), le plus grand triton de nos régions, présentent seulement au printemps une crête dentelée sur le dos.*

L'Ecrevisse d'Europe (Potamobius astacus), à mœurs nocturnes, a été presque entièrement exterminée par la peste des écrevisses et par la pollution croissante des cours d'eau. ▽

◁ *La Couleuvre à collier (Natrix natrix), non venimeuse, se reconnaît à son « collier » blanc ou crème ; peureuse, elle s'enfuit dans l'eau quand elle est dérangée.*

△ *La Loutre (Lutra lutra), qui a presque disparu, peuple encore des parties de cours d'eau restées à l'état naturel .*

Le Castor d'Europe ▷ *(Castor fiber) doit ses populations actuelles aux actions de repeuplement menées au cours des dernières décennies.*

La principale aire de distribution de la Tortue bourbeuse (Emys orbicularis) d'aspect préhistorique, est le sud de l'Europe. ▽

Alors que le Grand cormoran (Phalacrocorax carbo) – en haut – nidifie aussi près des lacs et rivières dans l'intérieur, le Petit gravelot (Charadrius dubius) – au milieu – dépose sa ponte bien camouflée sur les lits nus de graviers et de galets. Le Vanneau huppé (Vanellus vanellus) – en bas – a été chassé en de nombreux endroits des prés humides où il habitait.

L'imposante Cigogne blanche (Ciconia ciconia) – en haut – trouve encore suffisamment de nourriture dans les grandes prairies humides. Les nappes d'eau plus grandes et peuplées de végétaux abritent le Grèbe huppé (Podiceps cristatus) – au milieu – et le Fuligule morillon (Aythya fuligula) – en bas, à gauche –. Le Harle huppé (Mergus serrator) – en bas, à droite – habite la zone côtière sauf quelques exceptions.

Printemps

Pas de vie sans eau pure

Le milieu préféré de la Salamandre tachetée (*Salamandra salamandra*), qui est terricole, est la forêt de feuillus riche en espèces, où elle occupe ses abris souterrains, même loin de l'eau : sous des racines d'arbres et des planches abandonnées, dans d'anciens nids de souris, ou dans des fissures du sol. C'est là qu'elle se tient tout le jour. Elle est encore très répandue, surtout dans les montagnes, mais elle a besoin absolument d'eau de ruisseau limpide et fraîche pour sa progéniture. D'avril à juin, les femelles, après avoir soigneusement examiné le lieu d'éclosion, mettent au monde de 10 à 50 larves dans des portions planes des ruisseaux. Les nouveau-nés sont déjà très bien constitués, mais ils respirent encore par des branchies latérales et externes, situées derrière la tête en trois faisceaux de chaque côté. Elles ont donc absolument besoin d'eau fraîche et chargée en oxygène.
Alors que les larves fouillent le fond des petits creux de ruisseaux à la recherche de vers, de petits crustacés et de larves d'insectes, les salamandres adultes se nourrissent surtout de toutes sortes d'insectes, de vers et de gastéropodes, qu'elles déterrent pendant leur vie nocturne. On trouve des salamandres de toutes tailles principalement pendant les nuits d'été chaudes et pluvieuses, sur les chemins et les petites routes de forêt, où elles capturent des proies et jouissent de la chaleur dégagée par l'asphalte. Malheureusement, cet accumulateur de chaleur représente la mort pour nombre de ces animaux, qui ignorent le danger des automobiles et se font écrabouiller.

Ci-contre
Les ruisseaux propres et naturels de moyenne altitude sont les lieux de frayage préférés de la Salamandre tachetée (Salamandra salamandra).

Page de droite, en haut
La Salamandre tachetée (Salamandra salamandra) existe dans nos régions sous forme d'une sous-espèce tachetée et d'une autre à bandes ; on voit ici la première (ssp. terrestris)

Page de droite, en bas
Les larves de Salamandre tachetée se reconnaissent à leur ébauches de pattes claires.

Du frai à la grenouille

L'un des phénomènes les plus caractéristiques au marais est l'époque du frai des grenouilles et des crapauds. Vers le milieu du mois de mars, les Grenouilles rousses (*Rana temporaria*) et les Crapauds communs (*Bufo bufo bufo*) se rassemblent par centaines, après une périlleuse migration, dans les frayères de leurs mares natales, prêts à se reproduire.
Les mâles empressés de grenouilles et de crapauds, qui souvent arrivent déjà accouplés, se font porter à califourchon par les femelles, généralement bien plus grosses qu'eux. Une fois qu'ils ont enlacé leur élue, ils la défendent à grands coups de leurs

Page de gauche, en haut
La période de reproduction de la Grenouille rousse (Rana temporaria) commence au début du printemps.

Page de gauche, au milieu
La femelle de Grenouille rousse pond chaque année un amas d'œufs.

Page de gauche, en bas
Le têtard prend la forme d'une jeune grenouille peu avant de sortir de l'eau.

Ci-dessus
Le Crapaud commun (Bufo bufo-bufo) fraie par grandes colonies.

Ci-contre
La ponte du Crapaud commun forme des cordons gélatineux allongés.

Page de gauche, en haut
Le mâle de Triton lobé (Triturus vulgaris vulgaris) possède lors des amours une haute crête dorsale.

Page de gauche, en bas
La femelle de Triton lobé colle sa ponte, œuf par œuf, sur les feuilles des plantes aquatiques (à gauche). L'enveloppe muqueuse laisse voir l'embryon de triton (à droite).

Ci-dessus
Les larves de tritons conservent leurs branchies ramifiées jusqu'à la fin de leur développement.

pattes postérieures contre les entreprises de leurs rivaux. C'est seulement les plus forts qui réussissent à mener à bien la reproduction. Ceux qui sont éconduits, souvent encore jeunes, attendent tout le jour, dans une mare, de pouvoir tenter leur chance. L'appétit sexuel est si fort, que nombre de femelles, trop courtisées, y perdent la vie : accablées par une grappe de prétendants, qui peuvent être une dizaine, il leur arrive d'être littéralement écrasées ou d'être noyées.

La ponte de plus de mille œufs, en pelotes de la grosseur du poing, est fécondée par le mâle de grenouille rousse dès la sortie du cloaque de la femelle, et les pelotes gonflent jusqu'à atteindre la taille d'une noix de coco. Les amas cellulaires, initialement informes, donnent naissance à des têtards, qui respirent d'abord par des faisceaux extérieurs de branchies, et qui ne peuvent encore se mouvoir. Ils tombent donc au fond et se développent, devenant actifs et respirant par des branchies internes. Durant les trois à quatre mois que dure leur développement, ils broutent de leur bouche râpeuse des algues, et croissent graduellement pour devenir analogues à des grenouilles : C'est d'abord les pattes postérieures qui se forment, et c'est seulement peu avant la sortie de l'eau que se constituent les pattes antérieures. Entre-temps, ils s'adaptent à la respiration atmosphérique. Tout ceci

représente la métamorphose. On observe fréquemment, à partir de juin, un exode innombrable de grenouillettes longues de 2 cm au plus, qui abandonnent par milliers leurs marais.
Le frai des crapauds s'enroule toujours, en cordons très longs, autour des tiges des plantes aquatiques et autour de branches. La métamorphose se déroule à peu près comme chez la Grenouille rousse.
La reproduction des urodèles (amphibiens à queue persistante), comme les salamandres et les tritons, diffère par de nombreux points de celle des grenouilles. Après une intense parade nuptiale autour des femelles, les mâles fécondent les œufs avant leur ponte, en émettant un *spermatophore* globuleux (porteur du sperme) qui pénètre dans le cloaque de la femelle triton, en réalisant une fécondation interne. Puis, les mâles ayant rempli leur rôle, les tritonnes pondent jusqu'à plus de 100 œufs isolément, les faisant adhérer à des feuilles de plantes aquatiques qu'elles plient. Grâce à ce mode de protection, les tritons ont besoin de produire moins de frai que les Grenouilles rousses et les Crapauds communs.
Les larves de tritons, durant leur métamorphose, se nourrissent, à la différence des têtards végétariens, de petits crustacés et de vers, qu'elles chassent adroitement. Chez les jeunes larves de tritons, les pattes antérieures se développent d'abord, puis on voit pointer plus tard les pattes postérieures. Les larves, devenues de jeunes tritons, abandonnent les eaux en juillet.

Insectes se déplaçant à la surface de l'eau

Au cours de nos randonnées au bord de l'eau, nous rencontrerons souvent au tout début du printemps une curieuse engeance, de petites merveilles de la nature semblant ignorer les lois de la pesanteur : des insectes longs de 2 cm seulement, glissent à la surface de l'eau des marais, des étangs et des anses calmes des ruisseaux, aussi bien que si c'était sur un sol dur. Comme pour mieux nous impressionner, ils font sur place des sauts hauts d'un empan et rebondissent, sans jamais s'enfoncer d'un millimètre en retombant. La clé de ce mystère est étonnante, sans être obscure : les gerris – c'est eux dont il s'agit – touchent la surface de l'eau seulement par la pointe de leur six longues pattes. Au lieu de déambuler sur des pattes griffues comme les autres insectes, ils se déplacent portés par de nombreux et fins poils, qui sont, de plus, abondamment lubrifiés. Ces centaines de poils permettent aux gerris de marcher sur l'eau, d'y ramer et même d'y sauter. Grâce à la tension superficielle de l'eau, les gouttelettes ne peuvent mouiller les poils lubrifiés, d'où l'insecte ne peut s'enfoncer.
Les gerris (genre *Gerris*) sont sans

En haut
L'Hydromètre des étangs (Hydrometra stagnarum) passe souvent inaperçu, grâce à sa forme étroite et à ses mœurs secrètes.

En bas
Les gerris (genre Gerris) sont caractérisés par leur activité fiévreuse.

arrêt à la recherche de proies, décelant même les plus petits déplacements à l'aide des fins poils sensoriels de leurs pattes. Alertés, ils démarrent brusquement et, par grands bonds, ils fondent sur leurs victimes en compagnie de leur congénères. Lors de ces rixes sans merci, on rend coup pour coup. Certains sautent en l'air et mordent la poussière - pardon, retombent sur l'eau -, se retrouvant sur le dos, puis filent sans perdre de temps pour se mettre en sécurité. Il est absolument incroyable de voir comme ils peuvent se mouvoir, sans concurrence. Mais, dès la moindre risée, la plus petite onde ou quelques gouttes de pluie venant troubler la surface, toute la bande se précipite à l'abri des berges.

Outre les robustes gerris, longs jusqu'à 2 cm, deux autres hétéroptères ont un comportement analogue. On trouve souvent, à l'abri des plantes aquatiques, l'Hydromètre des étangs (*Hydrometra stagnarum*), long jusqu'à 12 mm, dont le corps est presque aussi fin qu'une aiguille. Il arpente gauchement les eaux, où les plus légers vents l'emportent. Bien plus forte, quoique tout juste longue d'un centimètre, est la Vélie commune des ruisseaux (*Velia currens*), qu'on reconnaît facilement à ses taches jaune orangé et blanc verdâtre. On la rencontre presque uniquement sur les rives des parties de ruisseaux à courant lent. Elle a pour particularité une étonnante résistance au froid : même à -10° C, elle glisse encore à la surface non gelée des sources et des rus qui en sortent.

Dans le voisinage de la Vélie, on peut observer le Notonecte glauque

La Vélie commune des ruisseaux (Velia currens) habite dans les parties tranquilles des ruisseaux.

(*Notonecta glauca*) dans les tronçons calmes des ruisseaux, et le Gyrin nageur (*Gyrinus natator*) dans les mares peu peuplées de végétaux, tels de petites perles cendrées, ces insectes, souvent en groupes nombreux, parcourent des circonférences régulières sur l'eau. Ces flèches vivantes, sans cesse en mouvement, peuvent atteindre une vitesse de 24 cm par seconde. Leurs paires de pattes médianes et postérieures sont modifiées en rames larges, puissantes et velues, battant jusqu'à 50 fois par seconde. Les proies n'ont guère de chance d'échapper à ces véritables « hors-bord », qui les localisent d'après les ondes captées par leurs antennes sensibles en forme de nageoires et les capturent à l'aide de leurs pattes antérieures.

Le Gyrin nageur (Gyrinus natator) est aperçu en général sous forme de points argentés brillants filant à la surface des eaux.

Leur mode de vision est également inhabituel : ces insectes voient nettement, aussi bien au-dessus qu'en dessous de la surface de l'eau, car leurs yeux sont divisés de manière qu'ils puissent surveiller les deux milieux. Quand ils sont perturbés, ils plongent au fond de l'eau, où leur abdomen retient une bulle d'air pour leur respiration. Surtout à la fin de l'été, de grandes troupes se rassemblent, avant de s'enfouir dans la vase pour y hiverner.
Aussi bien les Gyrins nageurs que les gerris prouvent, par leur adaptation à la vie sur la surface de l'eau, à quel point les espèces animales sont en mesure de se spécialiser pour une niche écologique très réduite. Là, à la limite entre air et eau, gyrins et gerris surclassent tous leurs parents. C'est le parfait modèle de la niche écologique.

Submersions vitales

Les impénétrables forêts marécageuses des rivières de bas-fonds sont les dernières forêts vierges d'Europe. Elles s'étendaient autrefois sur des centaines de kilomètres carrés, suivant le cours des fleuves, et abritaient une multitude d'espèces animales et végétales devenues maintenant rares. Or, il n'est plus guère aujourd'hui de ces grandes forêts en continu. L'une des dernières est, en Allemagne, la Taubergiessen, flanquant le Rhin face au sud de l'Alsace.

Dans une forêt marécageuse, les variations saisonnières se font sentir d'une façon peu commune dans d'autres écosystèmes. Le sommeil apparent de l'hiver fait place aux submersions du printemps, qui inondent le sol jusqu'à hauteur d'homme. La fonte des neiges et les pluies printanières, de même que les précipitations d'automne, pourvoient aux crues nécessaires pour la survie. Les matières en suspension se déposent dans l'entrelacs des racines et dans les amas de bois en putréfaction.

Lors des décrues, il reste des milliers de petits plans d'eau à découvert, dans lesquels se développent des insectes à cycle vital particulièrement accéléré. Les plus grandes fondrières et marécages sont les lieux de prédilection pour les amphibiens, Grenouille rousse, Rainette verte et Grenouille agile (*Rana dalmatina*), qui viennent y frayer. De manière analogue à celle

Page de gauche
La végétation dense de la forêt palustre représente l'un des écosystèmes les plus archaïques et les plus beaux de nos régions.

Ci-contre, en haut
La chenille du Petit mars changeant (Apatura ilia) est parfaitement camouflée.

Ci-contre, en bas
La Balsamine de l'Inde (Impatiens indica), une impatiente se multipliant remarquablement, est l'un des repeuplements les plus réussis.

des amphibiens, les forêts marécageuses ont une double vie : les inondations régulières sont suivies de phases de sécheresse de quelques mois, durant lesquelles le limon présent, riche en substances nutritives, se couvre de végétation. Mais, seuls les végétaux supportant d'avoir les pieds dans l'eau, aulnes, peupliers et herbacées, sont en mesure d'y survivre, lors des crues, grâce à des adaptations spéciales de leur système radiculaire. Cette sélection naturelle est un facteur déterminant des populations végétales qui constituent la forêt marécageuse. Le sous-bois enchevêtré et broussailleux qui couvre le sol paludéen et profond ne facilite pas la pénétration : cette protection naturelle a préservé durant des siècles l'existence de ces landes. Comme ce doit être le cas pour une forêt primordiale, on trouve aussi beaucoup de lianes dans les landes paludéennes. Le Lierre (*Hedera helix*) et la Clématite des haies (*Clematis vitalba*) grimpent presque jusqu'à la cime des arbres. La Douce-amère (*Solanum dulcamara*) et la Cuscute d'Europe (*Cuscuta europaea*) monte seulement à faible hauteur, enlaçant souvent les buissons touffus de Viorne obier (*Viburnum opulus*), de Chèvrefeuille des haies ou à balais (*Lonicera*

1
2
3
4
9

Forêt palustre

1. Rainette verte. **2.** Aulne glutineux. **3.** Douce-amère. **4.** Populage des marais. **5.** Grand sylvain. **6.** Petit mars changeant et sa larve. **7.** Saule argenté (Osier blanc) **8.** Loriot jaune. **9.** Peuplier noir.

xylosteum), de Fusain d'Europe (*Evonymus europaeus*), d'Aubépine commune (*Crataegus oxyacantha*) et de Troène commun (*Ligustrum vulgare*).

Dans la forêt marécageuse du printemps, claire, la Cardamine amère (*Cardamine amara*) forme de véritables tapis blancs. Ces fleurs précoces sont très recherchées par d'innombrables insectes, qui sont avides de cette abondante source de nectar, après les longueurs de l'hiver. Les corolles jaunes et brillantes, d'abord globuleuses, de la Populage des marais (*Caltha palustris*) sont également convoitées par les insectes nectarivores, de même que l'Iris faux-acore (*Iris pseudacorus*) pointant un peu plus tard, dont les colonies éclatantes sous le soleil se voient au fond des layons.

En été, la forêt paludéenne n'est pas au repos : le bourdonnement de

La Grenouille agile habite sur le sol des forêt humides de feuillus.

nuées de moustiques prouve la richesse de nourriture à la disposition des animaux insectivores, comme la Rainette verte (*Hyla arborea arborea*). Le concert nocturne des petits habitants verts et luisants des arbres et des buissons résonne au fond des bois. Le coassement amplifié par leur énorme sac vocal avertit puissamment leurs voisins et attire les femelles. Cette forêt diversifiée et claire offre également un environnement parfait à la Grenouille agile (*Rana dalmatina*), l'anoure de nos régions aux bonds les plus puissants, et dont la livrée est un excellent camouflage sur les ombres chinoises qui se projettent sur le sol.

Le Loriot jaune (*Oriolus oriolus*) fait entendre son sifflet flûté inimi-

Les belles grappes de fleurs du Pétasite hybride (Petasites hybridus) fleurissent en début du printemps dans les lieux humides.

table tout en restant bien caché au profond de la forêt humide.

La Mésange boréale (*Parus montanus*) – qui habite tout l'est de la France et jusqu'au nord et à l'est de l'Europe – se loge tout autrement, dans des trous de bois mou. Sa calotte noire et son plumage brunâtre clair la différencient des autres mésanges de nos campagnes, plus fréquentes.

Le Martin-pêcheur (*Alcedo atthis*) niche dans les berges abruptes, marneuses et meubles des cours d'eau, où il peut couver encore, alors qu'il ne le peut plus le long des rivières au cours rectifié à cause des crues.

Le Grand sylvain ou Nymphale du peuplier (*Limenitis populi*), avec ses ailes antérieures longues jusqu'à 4 cm, est l'un des plus grands papillons de jour de nos pays ; ses chenilles consomment uniquement les feuilles de peuplier, nourriture qu'elles partagent avec les chenilles des nacrés (genre *Argynnis*). Du fait de cette spécialisation alimentaire, on conçoit que ces papillons soient fortement menacés par la destruction des essences de bord d'eau.

L'un des plus grands habitants de la forêt marécageuse a presque entièrement disparu des lieux palustres ; la Loutre (*Lutra lutra*), qui a besoin d'immenses espaces pour ses longues migrations. La chasse, dont elle a été victime durant les siècles passés, l'a amenée au bord de l'extinction. Le remaniement et l'assèchement des derniers bas-fonds fluviaux de grande superficie ont fait le reste.

Nettoyeurs à coquille épaisse

Les mulettes et anodontes, petits épurateurs infatigables qui habitent au fond des eaux courantes et stagnantes, sont partout devenues rares. Il y a longtemps qu'on ne voit plus de peuplements géants de centaines de milliers de grosses « moules d'eau douce ». Ainsi, le métier de pêcheur de perles – celles-ci étaient très recherchées – a subsisté en Europe jusqu'au 17e siècle.

Il est bien difficile, en voyant une mulette, de lui trouver un haut et un bas. On commence à s'y retrouver lorsque le pied, caractéristique, est sorti de la coquille, et que le mollusque s'en sert pour s'enfoncer lentement dans le fond.

Le rôle de filtres à eau vivants des mulettes, qui sont parfois rassemblées par plusieurs centaines au mètre carré, est incontestable. Un gros mollusque de ce genre filtre en une heure plus de 40 litres d'eau. L'eau chargée d'oxygène servant à sa respiration et de particules nutritives est aspirée par la fente branchiale ; les aliments en suspension sont absorbés par la bouche et l'air est extrait par les branchies, à l'intérieur. Les aliments sont extraits par filtration de même que l'oxygène, et l'eau résiduaire, appauvrie en oxygène, est rejetée par la fente anale. Cette circulation est bien visible dans un aquarium. Mais en même temps, les autres substances contenues par l'eau, souvent toxiques pour l'animal, sont absorbées. La filtration effectuée par les mulettes sert à leur alimentation et à leur respiration, mais du fait de la pollution croissante des eaux, ceci aboutit à leur mort prématurée : ces mollusques ne font pas la différence entre les substances nutritives et les produits toxiques. Les mulettes et anodontes peuvent vivre 100 ans. Leur épaisse coquille calcaire ne sert à rien contre les poisons de l'environnement, et l'on peut voir, sur la celle des vieux individus, des traces d'attaque.

La reproduction de nos moules d'eau douce se fait curieusement par déglutition des gamètes mâles et femelles (les pertes étant élevées, chaque animal produit de 200 000 à 1 million de gamètes, cellules sexuelles). Les gamètes atteignent, en même temps que l'eau de respiration, les branchies, où a lieu la fécondation. Les œufs fécondés se développent dans des espaces d'incubation spéciaux, pour donner des larves, lesquelles, au bout d'un certain temps, sont expulsées dans l'eau. Les larves de mulettes ont besoin, pour leur développement, de Truites de rivière (*Salmo fario*) et d'autres petits poissons, aux branchies desquels elles se fixent. Donc, ces larves, croissant sur le tissu branchial, s'y nourrissent du sang de l'hôte. Les parasites ne doivent pourtant pas profiter de leur hôte au point de le léser. Dans le cas des importantes infestations par des larves de mulettes (une truite peut être parasitée par 20 000 larves), le poisson porteur accélère sa fréquence respiratoire afin de compenser ses pertes.

Après leur phase « sanguine » intermédiaire, les mulettes et anodontes juvéniles abandonnent leur

La Mulette des peintres (Unio pictorum) est l'une de nos moules d'eau douce les plus communes.

La capacité de filtration de l'Anodonte des cygnes est bien observable dans un aquarium. On voit nettement la large fente branchiale (d'aspiration) à droite, et la petite fente anale (de refoulement) à gauche.

A gauche
On peut voir, sur les lits des eaux profondes, la Mulette perlière (Unio margaritifera) se déplaçant en laissant une fouille.

A droite
La Mulette des peintres (Unio pictorum) sert de chambre d'incubation aux œufs de la femelle de la Bouvière (ici, avec son tube de ponte).

hôte quand elles ont grossi de dix fois, mais c'est seulement à l'âge de 20 ans qu'elles commencent à se reproduire.
L'accroissement de la pollution de l'eau a gravement atteint certaines espèces de moules d'eau douce, dont les populations ont subi des pertes énormes. La plus atteinte est la Mulette perlière (*Unio margaritifera*), qu'on ne trouve plus encore que dans quelques ruisseaux, surtout à moyenne altitude. La pollution hydrique l'a tellement affectée, qu'on l'observe seulement en colonies toujours moins nombreuses, dont les individus vivent moins de dix ans. Dans le Fichtelgebirge, massif de Bavière, il devait y avoir quelque 700 000 Mulettes perlières vers 1900, alors qu'il en restait à peine 20 000 en 1977.
La Bouvière (*Rhodeus amarus*), petit poisson insignifiant des eaux stagnantes, a recours pour sa part aux moules d'eau douce pour sa progéniture. Ce cyprinidé long tout au plus de 9 cm a adopté un système inhabituel de reproduction, qui utilise les grosses moules d'eau, comme la Mulette des peintres (*Unio pictorum*) et l'Anodonte des cygnes (*Anodonta cygnaea*), sans

lesquelles la Bouvière ne se reproduirait pas. Hors de la période de reproduction, ces petits poissons ont une livrée vert grisâtre très discrète ; mais dès le début du printemps, les mâles se parent d'une somptueuse robe nuptiale. Après avoir fait une cour intense, ceux-ci portent leur dévolu sur un mollusque, mulette ou anodonte. La femelle y pond une quarantaine d'œufs, à l'aide de son tube de ponte parfois plus long que son corps, par la fente anale (= de rejet) du mollusque. Immédiatement après cela, le mâle émet sa semence devant la fente branchiale (= d'absorption) du mollusque, lequel l'absorbe en même temps que le courant d'eau nutritif et respiratoire ; ceci permet aux gamètes mâles de féconder les gamètes femelles. Les alevins du poisson sont en sécurité dans la chambre branchiale, où ils reçoivent de l'oxygène et se développent, abandonnant les lieux à l'âge de trois à cinq semaines.

Il est rare, dans le règne animal, d'observer une dépendance aussi étroite d'une espèce par rapport à une autre : si l'un des groupes, poissons ou mollusques, est absent, l'autre peut disparaître.

Presque personne ne soupçonne la présence du plus fréquent mollusque d'eau douce de nos régions, la Cyclade cornée (*Cyclas solida*), longue au plus d'un centimètre. Ce bivalve habite dans la vase des eaux stagnantes et courantes ; à la différence de ses parents bivalves plus gros, elle est vivipare et est par conséquent peu prolifique.

Ci-dessus
La Cyclade cornée s'installe avec son pied sur le fond des eaux.

Ci-contre
Les larves de moules d'eau douce, qui se développent dans la chambre branchiale des poissons, sont de remarquables formes de bivalves.

Une cloche à plongeur pour chaque stade vital

Les araignées font partie de notre vie quotidienne comme peu d'autres animaux, vivant souvent inaperçues bien que toutes proches de nous, dans notre intérieur.
Encore plus inconnues sont les remarquables argyronètes (genre *Argyroneta*) ou araignées d'eau, dont l'espèce type *Argyroneta aquatica* est parfaitement adaptée à la vie aquatique. Elle passe presque toute sa vie sous l'eau, dans les étangs marécageux, les mares et les fossés, bien que ses ancêtres aient eu originellement des mœurs terricoles.
Mais les argyronètes ont aussi besoin d'oxygène pour vivre ; or, celui qui est dissous dans l'eau ne peut être utilisé par leur appareil respiratoire, les trachées. Elles ont donc recours à la technique respiratoire suivante : leur abdomen est entouré de fins poils retenant une bulle d'air à reflet argenté qu'elles emportent dans les profondeurs.
Pour ne pas être obligées de revenir sans cesse en surface se réapprovisionner, les argyronètes ont un comportement raffiné : elles tissent des réseaux, en des endroits abrités parmi les plantes subaquatiques, constituant des sortes de cloches à plongeurs qu'elles rem-

Ci-dessus
Argyronète se glissant dans sa poche d'air. Son abdomen est entouré d'un piège à air.

Ci-contre
L'argyronète dévore ses proies dans des chambres à air spéciales.

plissent d'air à l'aide des bulles transportées par leur abdomen. Elles remontent donc à plusieurs reprises en surface, le long d'un fil qu'elles tendent jusqu'à leur poche d'air, où elles peuvent ainsi retourner sans avoir à chercher. Ce fil leur permet en outre de ne pas filer en surface comme un ballon.
La poche d'air, d'un diamètre de 2 cm et accessible par-dessous, est pleine d'air en quelques allers et retours, et fournit de l'oxygène à l'animal pour plusieurs mois. Les argyronètes mettent à profit une loi de la physique pour leur oxygénation : les gaz se dilatent également en tout sens.
Lorsque la concentration de l'eau en oxygène devient supérieure à celle qui règne dans la cloche, de l'oxygène y passe spontanément, tandis que le gaz carbonique produit par les araignées se dégage dans l'eau.
Les argyronètes utilisent leurs cloches respiratoires pour différents usages : l'alimentation, la mue, l'hivernage et la reproduction.
Les poches d'air destinées à l'alimentation sont essentielles pour ces araignées : celles-ci y retournent avec le produit de leur chasse, car il est bien évident que, dans l'eau, elles ne peuvent injecter leurs sucs digestifs à leurs proies ni les sucer ensuite.
Les dolomèdes (genre *Dolomedes*), quoique aquatiques, sont bien moins adaptées à la vie dans l'eau que les argyronètes. Elles occupent des niches écologiques analogues, mais elles habitent également dans les prairies humides.
Les femelles, longues jusqu'à 22 mm, sont parmi les plus grosses araignées de nos régions et chassent des proies étonnament grandes.
Elles capturent des têtards, des insectes et même de petits poissons, sous la surface de l'eau, et les tuent avec leur venin, qui agit en quelques secondes. Elles tirent leurs plus grosses prises à terre, où elles les sucent.
Les femelles de dolomèdes, striées de blanc et de jaune, tissent après l'accouplement un cocon d'un centimètre, qu'elles transportent sous leur abdomen, avec plusieurs centaines d'œufs à l'intérieur, jusqu'à l'éclosion de leur progéniture, ainsi bien protégée de ses ennemis.

La Dolomède frangée (Dolomedes fimbriata) guette ses proies surtout près des berges, mais elle peut très bien chasser à la surface des eaux.

Eté

Des étrangers dans les bassins des jardins

Au cours de nos études de Sciences Naturelles, nous découvrirons à la fin du printemps de curieuses dépouilles, vides et desséchées, sur les tiges des plantes poussant sur les berges des marais et des étangs. De prime abord, elles n'ont aucune ressemblance avec un animal quelconque des eaux. Pour résoudre cette énigme, allons à la découverte, au petit matin d'un beau jour sans vent. Ayant trouvé un endroit idoine sur la rive, asseyons-nous silencieusement. Nous aurons bien la chance, au bout de quelques minutes, de voir un animalcule, seulement long de quelques centimètres, escalader lentement une tige sortant de l'eau verticalement. Il grimpe en tâtonnant, et s'immobilise à 20 cm environ au-dessus de la surface de l'eau. Après mûre réflexion, nous reconnaîtrons une larve de libellule, comme engourdie, dont la carapace de chitine se dessèche graduellement. Tout à coup, la carapace se fend, et il en sort, s'extrayant péniblement, quelque chose de totalement différent. Le dos apparaît d'abord, puis c'est le tour de la tête, l'abdomen demeurant encore dans la carapace presque vide. Après quelques minutes de repos, l'animal dégage son corps pendant et s'agrippe au fétu de ses pattes souples et jaunâtres en transparence, son long abdomen venant à grand-peine en dernier. Lorsque les ailes sont bien défrippées, ce qui se fait graduellement, nous découvrons qui est en train de quitter l'eau pour toujours : une libellule nouvellement éclose, qui vient souvent de passer plusieurs années dans les profondeurs, sous forme d'une larve mangeuse de têtards, et qui maintenant part à la conquête de l'air pour quelques semaines. Outre la chasse aux petits insectes, une libellule n'a qu'une seule préoccupation, se reproduire et pondre des œufs en un lieu abrité. Chaque espèce de libellule à sa propre technique de ponte, toujours remarquable : l'Aeschne bleue (*Aeshnea cyanea*) dépose des œufs isolés sur un sol humide ou parmi les mousses ; les couples de la Leste sauvage (*Lestes barbarus*) piquent ensemble sur l'eau ; les sympétrums (genre *Sympetrum*) s'enfoncent dans la croûte du rivage des marais ; enfin, le Caloptéryx éclatant (*Calopteryx splendens*) plonge souvent dans l'eau pour y enfoncer ses œufs dans les tiges des végétaux.

Page de gauche
La larve de Libellule déprimée (Libellula depressa) possède, comme toutes les larves de grosses libellules (anisoptères), de puissantes mandibules.

Ci-contre, en haut
Parade nuptiale de la Leste fiancée (Lestes sponsa) qui fréquente surtout des tiges de prêles et de joncs.

Ci-contre, en bas
La Leste verte (Lestes viridis), qui se tient de préférence sur des branches d'arbres et de buissons, dépose des pontes régulières, ici sur un rameau de saule.

Ces mœurs peuvent être observées avec un peu de patience et de chance près des eaux, où certaines espèces de libellules sont parmi les habitants les plus fréquents de nos marais et étangs. Celui qui possède une pièce d'eau dans son jardin sera étonné de voir combien d'insectes – dont font partie les libellules – s'y installent sans tarder, comme s'il s'agissait d'un nouveau marais. L'Aeschne bleue, l'une de nos plus grands libellules, peuple très rapidement un bassin nouvellement créé. La raison en est le mode de vie de cette espèce : elle entreprend souvent des migrations de plusieurs kilomètres, à la recherche d'un environnement approprié, et trouve souvent un étang de jardin, au plus proche. Quand la ponte est possible sur des rives humides, un mâle « occupe » le marais en bonne et due forme, en défendant « son » territoire contre les intrus et en attendant une femelle. Lorsqu'une libellule de petite espèce s'aventure imprudemment dans les parages, il arrive qu'il s'en saisisse et la dévore ; souvent, l'occupant des lieux ne prend même pas le temps de manger sa proie tranquillement, la consommant en vol.

Les anisoptères, grosses libellules, agiles et possédant de puissantes paires d'ailes antérieures et postérieures – diversement conformées – sont capables d'étonnantes performances en vol : non seulement ces insectes sont les plus rapides voiliers, mais aussi ils peuvent faire demi-tour sur place et même voler à reculons.

Les brillantes couleurs de nos libellules indigènes – véritables joyaux volants – sont totalement différentes selon les espèces. L'Aeschne azurée (*Aeshna coerulea*) est bleu brillant, et la Petite nymphe au corps de feu (*Agrion minium*) ou Agrion couleur de minium est rouge vif. La Leste fiancée (*Lestes sponsa*) est d'un vert métallique ou cuivrée. Les grands mâles de Libellule déprimée (*Libellula depressa*) présentent une livrée bleue d'aspect cireux, et leurs femelles sont jaunes. On ajoutera à cela que leurs yeux présentent chacun jusqu'à 28 000 facettes et, chez l'Aeschne bleue, ils occupent presque toute la tête.

En certaines régions, on prétend que les libellules seraient venimeuses. Il n'en est rien, car elles ne peuvent piquer et ne disposent pas de venin. Sans compter qu'elles sont craintives vis-à-vis des humains et des gros animaux.

Mâle d'Aeschne bleue s'extrayant de son exuvie.

Les plus petits radeaux du monde

Les « lentilles » d'eau sont les plus petites plantes à fleurs : la Petite lentille d'eau (*Lemna minor*) a un diamètre de 2 à 3 mm seulement. Elles peuvent couvrir des hectares de pièces d'eau d'un épais tapis de leurs petites feuilles, que le vent peut balayer dans une anse.

Les canards sauvages s'en nourrissent, les avalant comme des aspirateurs. Ces végétaux apparaissent en multitude dès le printemps, mais il est rare d'en voir pendant l'hiver. Ces minuscules plantes ont une façon particulière de passer l'hiver : à l'automne, leur poids s'accroît par stockage d'amidon en grande quantité dans leurs feuilles. Elles deviennent ainsi plus denses que l'eau, de sorte qu'elles s'enfoncent dans le fond des eaux, où elles passent généralement l'hiver à l'abri du gel. Les réserves d'amidon sont consommées durant l'hiver, de sorte que les lentilles d'eau deviennent de moins en moins denses, montant graduellement comme des sous-marins, pour finalement émerger de la surface de l'eau au printemps. Mais comment peut-on classer cette verdure flottante dans les plantes à fleurs (phanérogames) ? Leurs minuscules fleurs, si petites qu'on les voit à peine même à l'aide d'une loupe (sur le côté de la lame

Page de gauche
La Petite lentille d'eau envahit les marais ombreux des forêts.

Ci-dessus
La Petite lentille d'eau (Lemna minor) et la Lentille à racines nombreuses (L. polyrhiza) forment souvent des peuplements ininterrompus à la surface des eaux.

foliaire), sont quand même fécondées par les petits insectes de la surface de l'eau ; les gerris, les nèpes et notonectes, et surtout les dytiques disséminent les graines. Après la désagrégation des fruits, formés à la face inférieure des feuilles, les graines tombent au fond, mais elles peuvent supporter sans dommages des périodes de sécheresse ; c'est pourquoi leur peuplement est assuré même dans les marais régulièrement asséchés. Mais la propagation se fait principalement par formation de bourgeons adventifs qui donnent des plantes-filles (multiplication végétative) : l'espèce forme ainsi des colonies cohérentes. Il se forme assez rarement des fleurs. Les racines, qui se forment de temps à autre, ont peu d'importance. Elles servent non à l'absorption d'eau et de substances nutritives comme chez nombre d'autres végétaux, mais seulement à la tenue en place sur la surface de l'eau, elles mesurent jusqu'à 9 cm de longueur et renferment de la chlorophylle - le colorant vert des feuilles -, ce qui leur permet de capter et transformer le rayonnement solaire, rôle normalement tenu par les feuilles.

Jusqu'à la dernière goutte

Hors de nos chemins habituels nous trouverons des sablières, des gravières et des carrières. La plupart du temps, on n'y fait guère attention, et souvent on s'en sert comme dépôts d'ordures et de gravats, ce qui est illégal et ce qui est fort dommageable pour nombre d'animaux et de végétaux, qui y trouvent des niches écologiques irremplaçables.
Les carrières et sablières, laissées à elles-mêmes après la cessation de leur exploitation, offrent aux animaux des conditions de vie qu'on ne trouve plus dans le reste de nos campagnes, exploitées intensivement : ces endroits presque totalement à découvert et très subdivisés sont de véritables îlots de chaleur, où le sol inoccupé est chauffé par le soleil. Des amphibiens et des reptiles aimant la chaleur, et dont les niches écologiques ont disparu ailleurs, trouvent ici refuge.
Les flaques peu profondes dont le fond retient mal l'eau ont une existence si brève, que quelques jours de soleil suffisent à les assécher. Les animaux ayant besoin d'eau pour leur reproduction, comme les amphibiens, doivent adopter des modes de vie élaborés pour survivre.
Le Crapaud calamite (*Bufo calamita*), qui ne peut vivre sans la séche-

resse et la chaleur de ces lieux aux conditions de milieu extrême, s'y est totalement adapté. Long de 8 cm au plus, il somnole tout le jour dans les fentes abritées, sous des éboulis ou bien dans des couloirs qu'il se creuse dans le sol sablonneux et meuble. C'est seulement après le coucher du soleil qu'il quitte son abri et part à la chasse d'insectes, escargots et vers. Sa livrée couleur de terre à ligne jaune sur l'échine le fait reconnaître sans difficulté.

Ci-contre
Les carrières laissées à elles-mêmes arrivent à former souvent des biotopes particuliers.

Ci-dessus
Le Crapaud calamite met à profit les flaques d'eau peu profondes des carrières pour frayer.

Son mode de reproduction est remarquable. Les mâles s'assemblent en avril dans des flaques souvent profondes de 10 cm seulement, que le soleil chauffe déjà fortement, et appellent leurs femelles de leur cri rauque et puissant, en gonflant leur énorme sac vocal. C'est après les grosses pluies que les couples déposent au fond des flaques leurs cordons d'œufs.
Les têtards, nés au bout de quelques jours, ont une croissance rapide car la température de l'eau où ils évoluent peut dépasser 30°C les jours de soleil.
Les jeunes Crapauds calamites quittent les eaux dès l'âge de 6 semaines, quand ils mesurent de 8 à 10 mm. Mais ils perdent souvent leur course contre la mort lorsque les flaques s'assèchent prématurément. C'est pourquoi les femelles prennent la précaution de ne pas déposer leur ponte en une seule

fois, la répartissant en deux ou trois endroits.

Lorsqu'une génération de têtards est anéantie, elles peuvent, après de nouvelles pluies, constituer leur « réserve de sécurité », et les nouveaux têtards se nourrissent de leurs aînés morts, ce qui accélère leur croissance.

Aussi spécialisé que le calamite, le Crapaud vert (*Bufo viridis viridis*), d'une longueur atteignant 10 cm, doit son nom à ses nombreuses taches vertes, contrastant avec ses verrues rouges. On peut entendre à partir du mois d'avril les trilles perçants des mâles de cette espèce rare, à demi enfoncés dans leurs fondrières.

La plus petite espèce de nos régions, le Crapaud accoucheur ou alyte (*Alytes obstetricans obstetricans*), qui mesure jusqu'à 4,5 cm au maximum, est remarquable par ses mœurs reproductrices.

Camouflé dans sa parure gris cendré ou brunâtre ponctuée de taches sombres ou rouille, il habite les cachettes des pentes rocheuses des carrières ou des coteaux secs à vignobles, ainsi que les murs secs des vieilles fermes. De mœurs crépusculaires et nocturnes, il fait entendre au printemps et en été son appel flûté, parfois même tout le jour.

Ce crapaud a trouvé un excellent moyen pour faire échapper sa progéniture au danger de la sécheresse. Après la fécondation des œufs, le mâle emporte autour de ses pattes postérieures le cordon gélatineux, devenant sec et élastique, renfermant de 20 à 50 œufs. Il conserve son paquet de têtards en formation jusqu'à ce que ceux-ci manifestent leur désir de liberté par l'intensité de leurs mouvements. Lorsque l'eau vient à manquer par absence de précipitations,

l'éclosion des têtards peut être retardée. Et quand les conditions d'humidité redeviennent normales, le mâle se rend sur les berges plates, où les têtards ne tardent pas à sortir de leur gangue.
Le Sonneur aux pieds épais (*Bombina variegata variegata*) éprouve une prédilection pour les plus petites ornières emplies d'eau et les flaques sans végétation d'une profondeur de 10 cm, comme lieux de reproduction.
Cette espèce, la seule qui soit uniquement diurne, parmi les anoures, passe presque toute sa vie dans les flaques planes et chaudes. En cas de danger, cette espèce couleur de terre sur le dessus présente son ventre bariolé de jaune criard et de gris bleuté pour effrayer ses ennemis. De plus, il sécrète un venin très puissant par les pustules de son corps. Son existence est très menacée par l'utilisation croissante des sablières et carrières comme dépôts d'ordures, où la cote d'alerte est souvent dépassée.

Page de gauche
Le Crapaud vert creuse ses abris sur les pentes sableuses.

Ci-dessous
Le mâle de Crapaud accoucheur va à l'eau instinctivement au moment voulu pour l'éclosion de ses têtards.

Des poignards aigus et coupants

Un dramatique combat pour la vie se déroule sous l'eau, dans l'ombre ; sa violence égale celle des films d'horreur. Assassinats, meurtres, cannibalisme, mutilations, font partie du quotidien des larves d'insectes. Celles-ci, souvent longues de quelques centimètres seulement, sont des machines à dévorer dont l'unique préoccupation est de capturer leurs proies. Les insectes du marais et leurs larves possèdent tout un choix d'organes meurtriers, comme de fins aiguillons venimeux, des tentacules épineux et aciculaires, et des pièces buccales projetables rapidement et tranchantes comme des rasoirs.

Les notonectes du genre *Notonecta*, qui font partie des hydrochorises ou cryptocères c'est-à-dire des punaises d'eau, étant donné qu'ils vivent près de la surface de l'eau, et qu'ils nagent sans s'arrêter, sont souvent les premiers insectes que nous découvrirons en explorant les eaux. Tandis que les gerris (dont nous avons parlé plus haut et qui font aussi partie des punaises d'eau) saisissent leurs proies généralement par dessus depuis la surface de l'eau; ils ravissent de leurs pattes antérieures les insectes tombés à l'eau, pour les piquer et les sucer de leurs pièces buccales. C'est pourquoi ils nagent dans l'eau toujours tournés à

Page de gauche
Le Dytique bordé (Dytiscus marginalis) est un prédateur d'eau douce ; on voit ici une femelle, reconnaissable à ses élytres bifurqués.

Ci-contre, en haut
Les larves voraces du Dytique bordé s'attaquent même à leurs congénères plus petits.

Ci-contre, en bas
La larve de la Sialis de la vase vit dans le fond des eaux.

l'envers, la tête en bas, pour pouvoir capturer les insectes à une vitesse foudroyante. Ils se tiennent de longues minutes la tête en bas, à la surface de l'eau, l'abdomen légèrement émergé pour emmagasiner de l'air. Leur troisième paire de pattes puissantes et pourvues de longs poils, leur permet de filer partout, rapidement et agilement.
Le Scorpion d'eau ou Nèpe cendrée (*Nepa cinerea*), encore une punaise d'eau, a un autre mode de prédation : comme il est extrêmement aplati, c'est un mauvais nageur et il progresse en suspension parmi les plantes aquatiques ou dans le fouillis du fond. Grâce à sa livrée brunâtre et à sa déambulation lente et hésitante, il n'est guère visible pour ses proies. Il déclenche subitement ses pattes antérieures transformées en puissantes pinces, et capture de petits insectes ou même des têtards. Ce petit insecte mesurant 22 mm au plus (pour le corps seul) respire à l'aide d'un tube respiratoire, qui est situé à l'extrémité de son abdomen et qu'on a confondu à tort avec un aiguillon. D'où son nom vulgaire de Scorpion d'eau, d'autant plus qu'il possède des pattes ravisseuses repliées au repos.

Insectes et larves d'insectes prédateurs.
1. Aeschne bleue et sa larve. **2.** Leste sauvage et sa larve. **3.** Leste fiancée et sa larve. **4.** Notonecte. **5.** Nèpe cendrée ou Scorpion d'eau.

6. Dytique bordé
t sa larve. **7.** Cordulie
nétallique et Aeschne
zurée. **8.** Petite nymphe
u corps de feu (mâle).
9. Libellule déprimée.

L'un des plus remarquables insectes prédateurs est le Dytique bordé (*Dytiscus marginalis*) avec sa larve vorace. Les propriétaires de viviers connaissent bien ce coléoptère nageur, qu'ils n'apprécient pas du tout, quoiqu'il soit long de 35 mm au maximum, car, en grand nombre, il ravage les colonies d'alevins. Ce dytique, adulte, s'abat sur l'eau à la recherche de sa nourriture. On peut le voir, avec son corps gris métallique luisant bordé de jaune, nageant vite et avec aisance, propulsé par sa paire de pattes postérieures, en rames. De ses pattes antérieures, il attrape des insectes aquatiques et des têtards, et parfois de petits poissons, qu'il dévore immédiatement. Seul le mâle porte aux tarses antérieurs de grosses ventouses, qui lui servent à agripper la carapace de la femelle lors de l'accouplement. La larve est encore plus insatiable ; en aquarium, elle mange tout ce qui n'est pas trop gros pour elle, têtards, insectes, petits poissons, et même tritons adultes. Elle n'hésite pas, le cas échéant, à pratiquer le cannibalisme, de sorte qu'il peut rester une seule larve dans un aquarium ! Les appendices en pince de sa tête sont creux intérieurement ; ils sont d'abord enfoncés dans la proie pour qu'elle ne puisse s'échapper, puis la larve injecte à celle-ci ses sucs digestifs la dissolvant intérieurement et la déguste en toute tranquillité. Puis, peu après avoir abandonné la dépouille vide de sa victime, la larve de dytique part à la recherche d'un nouveau repas.
Les larves d'anisoptères, grosses libellules, sont également de voraces habitantes des eaux, dont le mode d'alimentation est très facile à observer. On peut sans grande difficulté installer « sur place » un petit aquarium pourvu de quelques pieds de plantes aquatiques. Mettons-y deux ou trois larves d'anisoptères en compagnie de têtards : en général, il ne faudra que quelques minutes aux larves de libellules pour s'adapter à cet environnement étranger et pour « s'occuper » de leurs voisins cohabitants. Tout ce qui est plus petit qu'elles est immédiatement considéré comme une proie et un premier têtard est saisi à la vitesse de l'éclair par les puissantes pièces buccales faisant mâchoire, le « masque » protractile qu'elles projettent en avant à plusieurs centimètres sur leurs proies, après s'être lentement approchées. En position de repos, le masque est replié sous la tête de l'animal.
Le fond vaseux et ténébreux des eaux abrite les larves de la Sialis de la vase (*Sialis lutaria*). Celles-ci possèdent, des deux côtés de l'arrière de leur abdomen, huit pièces branchiales qui leur permettent de respirer suffisamment dans la vase assez pauvre en oxygène, où, enfoncées, elles se saisissent avec leurs puissantes pièces buccales de vers ou de larves d'autres insectes passant à leur portée.

Ci-contre, en haut
Les punaises d'eau comprennent la Nèpe cendrée ou Scorpion d'eau, qui doit cette dernière dénomination à son long tube respiratoire et à ses pattes ravisseuses longues et articulées en ciseaux.

Ci-contre, en bas
Pour respirer, les Notonectes doivent remonter régulièrement à la surface de l'eau.

Des plantes pour la chasse aux insectes

La lutte pour la survie que mènent les larves d'insectes chassant, les têtards menacés par l'assèchement des eaux, ou les habitants des torrents résistant au courant perpétuel est le sort commun de tous les animaux. Mais il est des végétaux, dans les eaux, dont le comportement n'est rien moins que pacifique. Au lieu de servir de nourriture à des animaux, c'est elles qui se nourrissent de bestioles. Qu'est-ce qui pousse donc des végétaux, mesurant en général quelques centimètres seulement, à adopter ce mode de vie étonnant ? L'étude de leur espace écologique a permis d'établir la communauté de caractères des habitats du Rossolis à feuilles rondes (*Drosera rotundifolia*), de la Grassette commune (*Pinguicula vulgaris*) et de l'Utriculaire commune (*Utricularia vulgaris*) : les disponibilités en substances nutritives permettent seulement l'installation d'espèces spécialisées quand l'environnement stérile est défavorable pour nombre d'espèces végétales.

C'est pourquoi les espèces que nous venons de citer croissent surtout dans les marais et les sablières abandonnées, où le sol est très peu fertile.

La décomposition des végétaux morts ne se produit pas dans les eaux marécageuses, acides. Les restes s'enfoncent dans le sol et se

Page de gauche
Peuplement de Rossolis à feuilles rondes sur les bords d'un marais.

Ci-contre, en haut
Les inflorescences du Rossolis à feuilles rondes émergent de ses rosettes de feuilles tentaculaires.

Ci-contre, en bas
Les feuilles tentaculaires et gluantes du Rossolis piègent de nombreux insectes, y compris de petites libellules.

transforment en tourbe à l'abri de l'air, au cours des siècles. Les substances nutritives restent dans le limon des cuvettes et ne retournent pas dans le cycle vital. Le sol y manque principalement d'azote, indispensable à la croissance des plantes.
On peut dire que nécessité fait loi pour le Rossolis à feuilles rondes, haut de 10 cm seulement, qui capture des insectes renfermant les matières azotées nécessaires. Ses feuilles-pièges, visqueuses et ressemblant à des raquettes de tennis miniatures, capturent des insectes aussi gros que des libellules, qui, en se débattant, s'enfoncent de plus en plus dans le fouillis de poils engluants. Plus de 200 tentacules rouges, hérissés comme une pelote d'épingles, sur une surface pas plus grande qu'un ongle, portent chacun à leur pointe une gouttelette collante. Les insectes ayant le malheur de s'intéresser à cette trompeuse « rosée » sont bien sûr alléchés. Les mêmes glandes que celles qui produisent le nectar dans les fleurs sécrètent ici insidieusement une glu. Lorsqu'un insecte se colle aux tentacules, ceux-ci se referment sur lui. Un peu de patience est alors nécessaire pour voir l'insecte disparaître : les poils glanduleux externes, qui sont bien plus longs que les poils internes, s'inclinent jusqu'au centre

En haut
La Grassette commune, avec ses rosettes de feuilles plates et insignifiantes, se fait remarquer seulement lors de la floraison.

En bas
La Grassette dépend pour sa nourriture des protéines que lui apportent les insectes.

Page de droite, à gauche
L'Utriculaire commune porte des fleurs assez grandes, bien au-dessus de la surface des eaux.

Page de droite, à droite
L'Utriculaire capture avec ses minuscules utricules des puces d'eau et d'autres petits êtres aquatiques.

de la feuille, en mettant environ une heure pour englober la proie. La substance adhésive obstrue les orifices respiratoires de l'insecte, les stigmates, et l'insecte meurt. Le liquide glandulaire a une autre fonction : la proie est dissoute par les enzymes de la plante et décomposée en éléments nutritifs pouvant être assimilés par les feuilles. Le processus digestif peut durer plusieurs jours. C'est seulement alors que la feuille se rouvre, rejetant les restes chitineux inassimilables.
Il existe dans le monde quelques 450 espèces végétales carnivores.
La Grassette commune, qui habite également dans les lieux sablonneux à humidité constante, près des côtes, est moins bien connue. Là aussi, la pauvreté en matières azotées conditionne son mode de vie. Ses feuilles vert jaunâtre brillantes, comme chez le Rossolis, possèdent des centaines de glandes sécrétant un mucilage adhésif. Le système de capture des insectes volants, un véritable « attrappe-mouches », semble ici un peu plus simple, car il manque les longs poils tentacu-

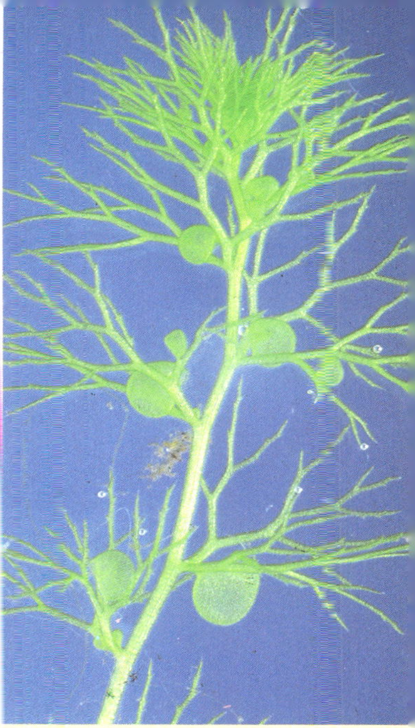

laires et c'est toute la feuille qui englobe lentement les proies.
On peut appâter le Rossolis et la Grassette avec un bout de viande ou de fromage. Les feuilles, sensibles, réagissent alors aussi bien qu'avec un petit insecte.
On a vérifié expérimentalement que les plantes carnivores pourvaient aussi survivre sans nourriture animale, quand le sol leur fournissait en suffisance des substances nutritives.
Les jolies fleurs de Grassette, à larges lèvres, trahissent sa proche parenté avec l'Utriculaire commune. Celle-ci, à la différence des deux espèces que nous venons de décrire, est purement aquatique, et ses pousses graciles croissent dans l'eau sans aucun appareil radiculaire. Elle peuple les eaux stagnantes, et rarement les cours d'eau lents, comme les fondrières des anciennes gravières et sablières ou les étangs marécageux. En juillet, ses fleurs jaunes attirent de loin les insectes. Les feuilles possèdent une arme secrète et spéciale pour la capture de petites vésicules pourvues de cils réagissant au contact des animacules planctoniques. Le plus petit attouchement suffit à mettre en action les vésicules prédatrices. Un opercule jusqu'alors immobile, claque comme une trappe vers l'intérieur et l'aspiration de l'eau entrante attire intérieurement de petits êtres aquatiques. Puis l'opercule se referme à nouveau, et ces derniers sont pris au piège et dissous par la sécrétion d'un suc digestif. Enfin, les dépouilles inassimilables sont rejetées, et l'eau en excédent est éliminée. Le système est de nouveau prêt à fonctionner.

Un tapis de fleurs les pieds dans l'eau

L'abondante éclosion de fleurs en été, dans les prairies humides, les fossés et les eaux stagnantes est l'apogée de la vie au marais. La végétation couvre le domaine des eaux plates si densément que souvent il ne reste guère de surfaces d'eau libres. La somptuosité de la floraison signifie la richesse de la nourriture aussi bien pour les insectes nectarifères que pour les libellules, capturant en vol rasant, au-dessus des jonchaies, ces insectes qu'elles consomment en l'air. Le nectar des fleurs est notamment la nourriture des abeilles et des bourdons, pour qui tout est fait afin de favoriser la dissémination du pollen dont ils se nourrissent également. La richesse inventive de la nature est quasiment inépuisable en ce qui concerne la conformation des fleurs. Qu'il s'agisse des couleurs, de la grosseur, de l'odeur ou des mécanismes compliqués de fécondation, à peu près tout est fait dans le règne végétal pour attirer les insectes butineurs.

Le domaine des parfums nous est presque fermé, car notre odorat peu sensible réagit seulement aux odeurs les plus intenses. Toutefois, nous ne pouvons ignorer les menthes, si aromatiques, et en particulier la Menthe aquatique (*Mentha aquatica*). Celle-ci, qui aime avoir les pieds dans l'eau, constitue d'importantes colonies, que l'on sent de loin les jours chauds et ensoleillés : les papillons viennent de centaines de mètres à ces attractives sources de nectar.

Parmi le fouillis végétal, nous remarquerons une espèce de soleil d'aspect quasiment exotique, l'Iris faux-acore (*Iris pseudacorus*), dont les énormes fleurs, jaunes et solitaires, sont fort attractives pour les insectes. Mais, comme bien d'autres espèces, celle-ci risque d'être décimée par certains qui, pseudo-amis de la nature, la cueillent sans vergogne dans les pièces d'eau des jardins. Elle est donc protégée.

A la différence de nombreuses plantes aquatiques en régression, une espèce tend à se répandre, la Balsamine glanduleuse (*Impatiens glandulifera*), proche parente d'une autre balsamine, l'Impatiente ou Ne-me-touchez-pas (*Impatiens noli-tangere*) à fleurs jaunes. D'origine asiatique, cette belle fleur vésiculeuse, de couleur rose à rouge violacé, a été importée chez nous comme ornementale, mais elle s'est naturalisée depuis un demi-siècle dans les cours d'eau, à l'orée des bois et le long des chemins. C'est l'une des quelques espèces naturalisées qui aient été acceptées par la faune indigène, en particulier les bourdons.

La plupart des plantes florifères estivales de nos eaux constituent des jonchaies impénétrables hautes jusqu'à mi-corps, où leurs taches de toutes couleurs attirent les insectes butineurs. Les espèces voyantes, comme les épilobes (genre *Epilobium*) et la Salicaire commune (*Lythrum salicaria*) aux épis de fleurs rouge pourpré, la Lysimaque commune (*Lysimachia vulgaris*) jaune brillant, et la Reine des prés (*Filipendula ulmaria*), ont un important avantage dans la concurrence vitale, par rapport aux plantes plus petites, souvent dissimulées par les plus grandes.

C'est pourquoi nombre de végétaux préfèrent les zones de faible profondeur des eaux récentes, où ils ont plus de chance d'être des pionniers.

En été les petites pièces d'eau déploient la splendeur de leur floraison ; on voit ici des colonies de Lysimaque commune et de Reine des prés.

Le Rubanier dressé (*Sparganium erectum*) et le Plantain d'eau commun (*Alisma plantago-aquatica*) comptent parmi ces espèces pionnières, qui se font rapidement une place hors des roselières épaisses.
La Massette à larges feuilles (*Typha latifolia*) est difficile à arrêter dans sa rapide propagation lorsqu'elle a réussi à s'installer sur un rivage libre. Le fond très fertile offre d'excellentes conditions à ses racines souterraines, de sorte qu'au cours des ans d'épais peuplements de massette font beaucoup progresser le dépot d'alluvions sur les rives des eaux. Les infrutescences brunes en massues produisent des quantités de graines, qui sont emportées en automne par le vent, dans de nouvelles stations. Les tiges pourrissent, laissant une boue sapropélique (= marécageuse) noire, du fait que le processus naturel de décomposition est ici entravé par manque d'oxygène. Dans le pire des cas, ceci peut aboutir à la mort totale du monde vivant aquatique.
Quand on crée un étang dans un jardin, il faut donc renoncer à planter des massettes ou tous roseaux et joncs, sinon ces plantes envahissantes pourraient réduire à néant le travail entrepris.

Fleurs d'été au bord de l'eau.
1. Rubanier dressé. **2.** Menthe aquatique. **3.** Myosotis des bois. **4.** Salicaire commune. **5.** Iris faux-acore.

6. Plaintain d'eau commun. 7. Sagittaire à feuilles en flèche. 8. Butome en ombelle. 9. Massette à larges feuilles.

Des piaillements dans les roseaux

Les peuplements de roseaux autour des étangs et des lacs font entendre, au printemps et en été, un concert d'innombrables voix, sur tous les tons.

La Rousserolle effarvatte (*Acrocephalus scirpaeus*), qui piaille fébrilement au sein des denses roselières, est protégée en certains pays, où ses populations avaient nettement régressé.

Ce petit discuteur (il chante jour et nuit) est un remarquable ouvrier. Il bâtit de son bec habile, parmi les tiges oscillantes des joncs et hors de portée des crues, un nid de chaumes solidement tressé, qui supporte sans faiblir la couvaison et la croissance des oisillons. Le coucou recherche justement assez souvent le nid de la rousserolle pour y pondre son œuf en fraude. Il ne reste plus de place pour la couvée légitime, car le jeune coucou élimine la concurrence et se fait nourrir en maître absolu. Et malgré le poids élevé du coucou qui menace de mettre à bas la fragile construction, celle-ci tient. Si pourtant le nid arrive à glisser, le jeune coucou vorace continue à être alimenté en dehors par ses parents adoptifs affolés.

Lorsque sa nourriture se raréfie au début de l'automne, la Rousserolle effarvatte va hiverner en Afrique.

Un proche parent de cet oiseau, la Rousserolle verderolle (*Acrocephalus palustris*), niche de préférence sur les berges ; elle élève ses petits dans les buissons d'orties, d'épilobes et de reines des prés, ainsi qu'aux alentours protégés des champs de céréales. Comme elle a des besoins guère spécialisés, elle arrive fort bien à survivre. La raréfaction des plans d'eau à roselières menace aussi d'autres petits oiseaux nicheurs dans leur existence.
La Rousserolle turdoïde (*Acrocephalus arundinaceus*), bien plus grande que la Rousserolle effarvatte, niche rarement hors des roseaux et des joncs. Quant à la Locustelle luscinioïde (*Locustella luscinioides*), on n'entend plus guère son chant stridulant, car ce visiteur vient maintenant fort peu chez nous.

Page de gauche, à gauche
La Rousserolle effarvatte niche cachée dans les jonchaies.

Page de gauche, à droite
Le Bruant des roseaux (Emberiza schoeniclus) est un habitant discret des grandes jonchaies.

Ci-dessus
Certaines femelles de Coucou gris (Cuculus canorus) pondent leurs œufs dans les nids de la Rousserolle effarvatte. Le jeune coucou ne tardera pas à faire basculer le nid.

Automne

Des constructions sur pilotis dans les roseaux

En parcourant les roseaux des marais et des ruisseaux, et la végétation dense et variée des prairies marécageuses, on rencontre çà et là de petites pelotes d'herbes d'un diamètre de 8 à 10 cm. Perchées jusqu'à un mètre au-dessus du sol ou de l'eau, parmi les tiges des joncs. elles servent de nids au Rat des moissons (*Micromys minutus*), l'un des plus petits mammifères de nos régions puisqu'il mesure à peine 7 cm, sans la queue.
Avec un peu de chance et encore plus de patience, nous arriverons à voir ce rat nain (on lui donne aussi ce nom), qui se sert de sa queue comme d'une cinquième main en l'enroulant autour des plantes pour mieux s'assurer.
Grâce à ses qualités de grimpeur, ce petit rat construit son nid comme sur pilotis, en se hissant aux tiges dont il entraîne par son poids les cimes pour les entrelacer, loin du niveau des crues. Et comme il ne déchire pas les tiges, se contentant de les emmêler, elles restent longtemps vertes et camouflent ainsi sa demeure. Fait d'une charpente posée sur des chaumes

En haut
Le Rat des moissons habite les prairies marécageuses inutilisées et le fouillis végétal des bords des eaux.

Ci-contre
Le nid du Rat des moissons, globuleux, est installé en haut des tiges, hors de portée des crues.

Le Rat des moissons grimpe avec agilité parmi les tiges des plantes.

verticaux, le nid est douillettement doublé et comporte une entrée latérale à cause de la pluie. Les chambres pour la progéniture sont construites bien plus confortablement que les abris ordinaires ; les ratons y demeurent jusqu'à l'âge de trois semaines. La construction demande jusqu'à deux jours, selon le soin apporté, et il n'est pas rare que les nids de reproduction soient à quelques mètres seulement les uns des autres. En effet, le Rat des moissons est très prolifique : lors de la saison de reproduction, en août et septembre, il a jusqu'à quatre portées de 3 à 8 petits. Ceux-ci quittent le nid vers l'âge de 20 jours et sont matures dix jours plus tard. L'espèce peut former d'importants peuplements, dans une niche écologique appropriée, et si elle dispose suffisamment de nourriture, à savoir des graines de toutes sortes, des baies et des insectes. Malheureusement, la pratique des coupes répétées détruit maintenant bien des nids de Rat des moissons, de même que la ponte des oiseaux nichant dans les roselières.

Notre petit rat passe l'hiver dans des terriers, largement approvisonnés en nourriture.

Tous les petits poissons

Bien qu'ils soient dédaignés ou ignorés des amis de la nature et même des pêcheurs du dimanche, nos ruisseaux sont peuplés de petits poissons considérés comme inutiles ou nuisibles. Seule la Truite de rivière (*Salmo fario*) est appréciée, car elle est pêchée. Mais elle a été évincée en de nombreux endroits par la Truite arc-en-ciel (*Salmo irideus*), espèce d'élevage originaire d'Amérique du Nord.

Le Chabot (*Cottus gobio*) est un habitant des ruisseaux clairs de moyenne altitude. Il est mal considéré par les pêcheurs, car il serait un gros mangeur de frai de truites. Avec sa tête de crapaud, écrasée, disproportionnée et lippue, ce poisson pas même long de 15 cm paraît bien inoffensif. Il s'occupe curieusement de sa progéniture : le mâle reste à surveiller la ponte de 100 à 200 œufs rouge orangé, que la femelle dépose en mars ou avril parmi les galets du fond. Même la vorace Truite de rivière est repoussée par le mâle vigilant, avec sa bouche ouverte menaçante, bien qu'en temps normal le Chabot finisse souvent ses jours dans l'estomac de sa rivale.

Mais son immense bouche lui est aussi bien utile pour se nourrir. Le Chabot, caché tout le jour parmi les pierres, s'en va chasser au crépuscule les insectes aquatiques du fond, ne dédaignant pas non plus le frai des truites, les alevins et les larves de salamandres. Comme il est très exigeant pour la qualité de l'eau, la pollution croissante des ruisseaux lui nuit beaucoup.

La Petite lamproie (*Lampetra planeri*) est un être très particulier. Elle n'appartient pas à proprement parler à la classe des poissons : elle fait partie de la classe des agnathes (= sans mâchoires) ou cyclostomes (= à bouche arrondie), très ancienne. Ses larves vermiformes passent la plus grande part de leur existence dans la vase des ruisseaux clairs de moyenne altitude, soit de trois à cinq ans.

Ces larves, aveugles, accolent leur bouche édentée mais pourvue d'appendices soyeux à un canal pratiqué dans le fond, et s'alimentent en filtrant l'eau chargée de détritus et de minuscules restes animaux et végétaux. La plus petite vibration les fait toutefois se retirer immédiatement dans leur canal.

Les adultes, qui mesurent jusqu'à 20 cm, ne se nourrissent pas au cours des quelques semaines de leur brève vie, car leur tube digestif se bouche en plusieurs endroits, ce qui le rend inutile.

Une autre qui ne fait guère parler d'elle est la Loche franche (*Cobitis barbatula*). Elle mesure assez rarement plus de 12 cm, ce qui en fait une proie pour les plus gros poissons, comme les truites et les brochets. Elle habite les ruisseaux à courant rapide, et à fond de sable ou caillouteux, ainsi que l'abord des rives des lacs clairs et propres.

Le Goujon (*Gobio gobio*), qui mesure jusqu'à 15 cm, préfère les eaux courantes, mais n'est pas exigeant vis-à-vis de son milieu, à la différence des autres poissons du fond. Il ne dédaigne pas les étangs et les lacs, pourvu qu'il y ait les bancs de sable et de graviers nécessaires à sa ponte. Grâce à ses deux barbillons, il lui est possible de déceler dans la vase des mol-

lusques et des larves d'insectes. La Loche d'étang (*Cobitis fossilis*), des eaux limpides, est encore moins appréciée. Longue jusqu'à 30 cm, la rondeur de son corps traduit son adaptation aux eaux stagnantes et calmes. Sa prédilection va aux fonds vaseux des mares, des étangs et même des marais.

En haut
La Loche franche (Cobitis barbatula), poisson de fond, est reconnaissable à ses barbillons.

En bas
La Petite lamproie (Lampetra planeri), assez méconnue, est un être bizarre.

Poissons de fond

1. Loche franche. **2.** Loche d'étang. **3.** Goujon. **4.** Loche de rivière. **5.** Chabot. **6.** Lamproie. **7.** Larve de Lamproie.

6
5
4

Les plantes se préparent pour l'hiver

La croissance de nombreux végétaux s'arrête lorsque les nuits s'allongent et deviennent plus froides.
Les étangs, devenus morts et dévastés, sembleront de nouveau colonisés chaque année : en vérité, les plantes pluriannuelles attendent le printemps suivant, à l'abri des gelées, dans les profondeurs. Parfois, on peut voir les lentilles d'eau prises par les glaces durant des semaines tout en survivant, puisqu'elles refont de nouvelles feuilles dès l'année suivante.
L'Iris de Florence (*Iris florentina*) emmagasine pour sa part de l'amidon dans ses tiges et ses feuilles. Délaissant la surface, où il pourrait mourir à cause du froid, il cache au fond ses bourgeons hivernants, après avoir fait ses provisions. Les nouvelles pousses de l'année suivante sont à l'état d'ébauches quiescentes. Ceci est d'autant plus important pour cet iris, que les fruits formés par ses fleurs blanches trilobées donnent rarement des graines susceptibles de germer. En revanche, les nombreux stolons abrités par la plante mère commencent de bonne heure à croître.
Il en va tout autrement pour le Nénuphar blanc (*Nymphaea alba*) dans la préparation à l'hivernage :

alors que des plantes nageantes comme la Lentille d'eau et l'Iris de Florence peuvent changer de lieu sans être inféodées au fond, il s'enracine profondément dans le fond des eaux (comme le Nuphar jaune, *Nuphar lutea*). Mais un autre problème se pose aux plantes aquatiques : la vase, presque dépourvue d'oxygène, est très défavorable à la vie de leurs racines, quand elles en ont. Pour couvrir ses besoins en oxygène, les nénuphars et nuphars absorbent de l'air par la face supérieure de leurs feuilles. Et comme l'oxygène est en très faible proportion dans les plantes à racines, ce gaz circule par de larges vaisseaux conducteur, de la surface de l'eau à la pointe des racines. Si l'on arrache une feuille et si on souffle dans la tige, il est possible de voir ces canaux aériens, et il sort des bulles d'air par les nombreux orifices de la face supérieure des feuilles, justement par lesquels entre l'air.
L'oxygène est un important composant pour la production d'amidon et de tissus végétaux, donc pour le développement de la génération à venir de nénuphars. C'est profondément dans la vase des lacs que le système radiculaire, réserve d'amidon, porte les bourgeons des futures pousses, qui rejoindront la

Page de gauche
En hiver, les plantes aquatiques meurent totalement.

Ci-contre, en haut
Les infrutescences de l'Iris faux-acore produisent des graines aplaties « en rouleaux de louis d'or ».

Ci-contre, en bas
L'Iris de Florence s'enfonce au fond des eaux à l'approche de l'hiver, pour échapper aux gelées.

surface de l'eau avec leurs tiges élastiques et longues.
Les canaux aériens de la tige des nénuphars présentent un grand intérêt pour certains animaux. Les larves de certains coléoptères, par exemple, percent cette tige pour en aspirer l'air. Certaines espèces de libellules pondent directement leurs œufs à proximité de ces canaux, ce qui a pour double avantage de protéger les futures larves et de leur assurer l'oxygénation nécessaire.
L'accumulation de substances dans les racines, en vue de la phase de croissance à venir, a lieu chez la plupart des plantes pluriannuelles à feuilles nageantes et bien enracinées. Mais ces espèces se multiplient aussi par leurs fruits. Dans le cas du Nénuphar blanc, les fruits capsulaires et globuleux murissent et sont disséminés grâce à leur coque gluante qui leur permet de flotter vers de nouveaux rivages. L'enveloppe se défait au bout de quelques jours, et les graines rejoignent le fond de l'eau, en l'attente de germer au printemps suivant.
Les curieuses capsules qu'on voit souvent flotter en automne près du bord des marais plans sont les fruits de l'Iris faux-acore (*Iris pseudacorus*). Elles se propagent d'une toute autre façon : les fruits, renfermant beaucoup d'air, sont produits en grande quantité et tombent des coques brunes desséchées, et, emportés par le vent, vont faire germer leurs graines où elles retombent. De plus, le pied d'origine rejette de nouvelles pousses sur son puissant système radiculaire, et accroît notablement son territoire de l'année précédente. Les peuplement d'iris ne quittent pas leur lieu d'origine ; c'est pourquoi les graines nageantes ont une importance capitale pour son déplacement et l'extension de son aire.

Des têtes creuses pour de nombreuses espèces

Dans le silence ouaté d'un petit matin blême, en nombre de nos régions humides, des formes bizarres et fantomatiques sortent de la brume le long des cours d'eau. Il s'agit des saules « têtards », le Saule fragile (*Salix fragilis*) et le Saule argenté (*Salix alba*). Têtards parce qu'ils sont depuis des siècles étêtés lors de la récolte de leurs branches et rameaux souples, l'osier. L'osier dont on fait les paniers et la vannerie en général. Mais, sans les tailles salvatrices de la main de l'homme, les saules auraient disparu de leur belle mort en une trentaine d'années : en effet, le bois tendre à croissance rapide de la tête n'arriverait pas à supporter le poids trop important de la frondaison, et les arbres se briseraient.
Toutefois, les coupes effectuées à intervalles réguliers ne sont pas avantageuses que pour l'homme : le bois restant exposé aux endroits tranchés meurt et pourrit profondément. Au cours du temps, il arrive fréquemment que seuls les cernes annuels externes soient encore vivants. Et, chez les vétérans massifs pouvant atteindre un diamètre de plusieurs mètres, il y a assez de place pour deux ou trois personnes

Les saules têtards ont besoin d'être taillés, sous peine de se rompre prématurément.

dans le tronc en ruine. Les innombrables trous de nœuds, fissures et crevasses offrent asile, hors de portée des lieux inondables, à de nombreuses espèces animales, qui y nichent ou s'y cachent. Les anciens têtards sont les plus utiles niches écologiques que les humains aient créées.

Le bois pourrissant granduellement devient pulvérulent dans les têtards. Quelques 150 espèces végétales, dites épiphytes (= poussant sur d'autres plantes) se nourrissent de la sorte d'humus de bois qui s'est formé et croissent à l'air libre, en colonisatrices. On observe là également, une centaine d'espèces de coléoptères qui habitent les saules et contribuent largement à la décomposition du bois tendre. Le reste est accompli par des bactéries et des champignons, à la fin de la chaîne alimentaire, dont le rôle est de retransformer les restes végétaux et animaux en substances nutritives utilisables par les plantes.

Des animaux totalement différents cohabitent dans l'espace réduit offert par les saules têtards. Les larves du Cossus gâte-bois (*Cossus ligniperda*), un papillon de nuit, mangent le bois en y pratiquant des couloirs gros comme le doigt, qui donnent asile à des espèces postérieures. Des hyménoptères comme les bourdons et les abeilles occupent volontiers ces galeries. On a même vu la Pipistrelle (*Pipistrellus*

pipistrellus), notre plus petite chauve-souris, dans ces trous.
Certaines chauves-souris sont très attirées par les saules têtards, comme le Vespertilion de Natterer (*Myotis nattereri*), le Vespertilion de Daubenton (*Myotis daubentoni*), l'Oreillard (*Plecotus auritus*) et le Grand oreillard (*Plecotus austriacus*), ainsi que, plus rarement, la Noctule (*Nyctalus noctula*). Elles en sont régulièrement les hôtes estivaux, y élevant assez souvent leur progéniture dans les vastes cavités existantes. La nuit, elles ont largement table mise, étant donné que les têtards sont le plus souvent proches des prairies humides et marécageuses, sans compter qu'ils sont entourés de cannaies et qu'ils sont au bord de l'eau.
Chez les muscardinidés, on trouve aussi le Loir gris (*Glis glis*), mais assez rarement et isolément, car il préfère les vergers, en des endroits plus élevés.
L'habitant le plus grand des saules têtards est la Fouine (*Martes foina*), dont la voracité est un grave problème pour ses voisins. Ses raids nocturnes sont très fructueux, car elle surprend la plupart des animaux dans leur sommeil. Elle n'a par ailleurs pas peur de la proximité de l'homme, et elle sait mettre à profit les vastes espaces des granges et des greniers.

Ci-dessus
Le Canard colvert, ici une femelle, recherche l'abri des saules têtards pour y dormir et y nicher.

Ci-contre
Le Loir gris dort durant l'hiver dans des trous d'arbres de toutes sortes.

Les habitants des saules têtards.
1. Oreillard. **2.** Canard colvert. **3.** Vespertilion de Daubenton. **4.** Mésange boréale. **5.** Cossus gâte-bois et sa larve. **6.** Chouette chevêche. **7.** Fouine.

5
6
5
4
gb

Les oiseaux sont également bien représentés dans les saulaies. Lorsqu'il n'y a pas de trou approprié, la Mésange boréale (*Parus montanus*) creuse son nid comme un pivert, de son petit bec, dans le bois vermoulu. Mais ce petit sujet à tête noire, qui accepte une société de cohabitants, est le signe de la dégradation des arbres trop vieux. Il est alors temps de prendre des mesures conservatoires.
Les oiseaux nichant dans les trous d'arbres comprennent aussi le Rouge-queue à front blanc (*Phoenicurus phoenicurus*) et le Torcol fourmilier (*Jynx torquilla*), qui, eux, sont incapables de creuser. Ils doivent rechercher les plus grandes cavités du bois, qu'ils aménagent à leur goût.
Le Canard colvert (*Anas platyrhynchos*) niche fréquemment parmi les rejets en taillis des anciennes coupes forestières. Sa livrée camouflée le rend à peu près invisible quand il couve sans bouger dans l'entrelacement des tiges. Les canetons passent souvent directement du nid, situé tout au plus à 2 mètres de hauteur, à leur habitat définitif, l'eau.
La Chouette chevêche (*Athena noctua*), qui faisait peur aux gens superstitieux quand ils entendaient son lugubre « coû, coû, coû », est bien inoffensive et ne présage pas la mort sur les maisons où elle se perche. Comme d'autres chouettes et hiboux, on peut la voir de jour, perchée sur une branche ou un poteau en prenant le soleil les yeux béatement clos.
Malheureusement, les saules sont en régression depuis qu'on utilise moins d'osier, remplacé par la matière plastique, meilleur marché. Heureusement, des organismes et associations écologistes et de protection de la nature entreprennent des actions de réhabilitation des écosystèmes : les oseraies en font partie.

Page de gauche, en haut
La Mésange boréale creuse son nid dans le bois vermoulu des saules.

Page de gauche, en bas
Les chauves-souris, ici un Oreillard, dorment volontiers dans les trous d'arbres durant le jour.

Ci-dessus
Le Vespertilion de Daubenton chasse surtout sur les grands plans d'eau.

Hiver

Formations dues au courant

Les conditions de vie extrêmes des écosystèmes impliquent des adaptations tout à fait particulières. Parmi les eaux de tout genre, les ruisseaux de moyenne altitude sont les plus « difficiles à vivre » sous nos latitudes. Toute espèce qui n'arrive pas à s'y adapter et qui ne peut résister de toutes ses forces au courant est impitoyablement emportée et se retrouve plusieurs centaines de mètres en aval, dans un milieu défavorable.

Chez les insectes, qui sont le groupe animal le plus riche avec ses quelque 800 espèces, la lutte pour la survie a justement donné naissance à des formes extraordinaires. Avec leurs ventouses, leurs crochets, leurs griffes, leurs appendices visqueux, leur densité corporelle, et leurs formes aérodynamiques, les larves d'insectes sont, parmi les habitants des torrents de montagne, les plus élaborés et les mieux « réussis ».

Des larves de phryganes font adhérer à leur carapace des lests pierreux au fond des ruisseaux. D'autres espèces collent sur leur coque une mosaïque de grains de sable, seule leur tête dépassant. La plupart de ces espèces qui se construisent des coques se nourrissent de débris de plantes mortes, de détritus, qui se rassemblent dans les trous d'eau tranquilles.

D'autres espèces de phryganes ne se construisent pas de coques, vivant dans le fond ou sur le fond, ou encore se tissent de très fines nasses pour capturer des proies, que le courant apporte. Chez le genre *Hydropsyche*, les filets sont des ouvrages délicats, qui ne peuvent se déployer que sous l'eau. Les quelques espèces, comme les phryganes du genre *Rhyacophila*, qui vagabondent librement, sont de féroces prédateurs et sont tout à fait capables de se défendre contre leurs ennemis. La plupart des espèces possèdent de fins appendices sur les segments de leur corps, leur permettant d'utiliser l'oxygène des froides eaux des ruisseaux. Les larves de phryganes sont extrêmement sensibles aux pollutions et aux réchauffements, qui, même minimes, peuvent les léser ou même les tuer.

Les larves de plécoptères sont aussi sensibles. Elles diffèrent de celles des éphémères par deux longs appendices abdominaux au lieu de trois. Selon les espèces et la force du courant, elles s'installent soit sous les pierres, soit dessus, chassant les insectes plus petits et les vers. Les larves de la plus grande espèce, *Perla marginata* – une perle – mesure jusqu'à 3 cm de longueur et dévore volontiers ses parents plus petits. La vie larvaire dure jusqu'à trois ans. L'insecte adulte – l'imago – terricole et long jusqu'à 2,5 cm ne vit que quelques jours et ne se nourrit pas.

Les éphémères portent assez bien leur nom : leurs imagos vivent généralement de deux à quatre

Page de droite, en haut
Les ruisseaux de moyenne montagne peuvent être pris par les glaces superficiellement ; mais l'eau reste hors gel sous la couche de glace.

Page de droite, en bas
La surface elle-même des pierres baignées par des courants rapides est habitée par des larves de simulies (genre Simulium).

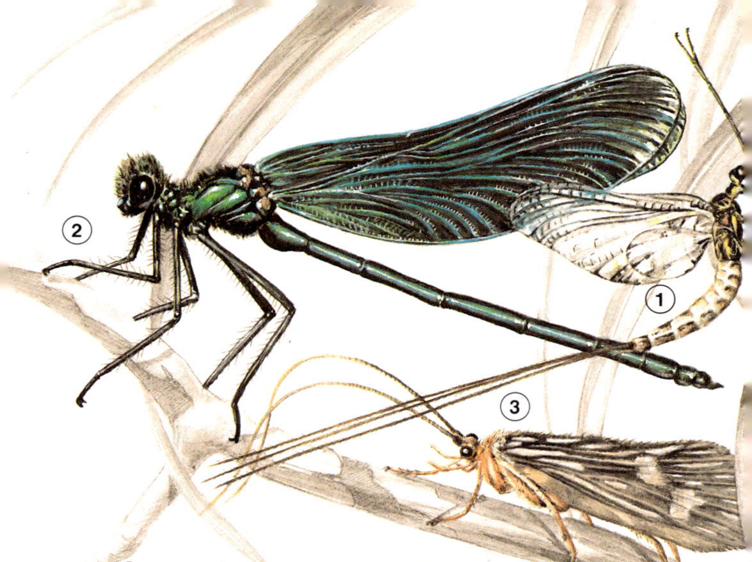

Insectes adaptés aux eaux courantes.
1. Ephémère et larves de différentes espèces. **2.** Caloptéryx vierge. **3.** Phrygane et larves de différentes espéces. **4.** Plécoptère et larves de différentes espèces. **5.** Un agrion.

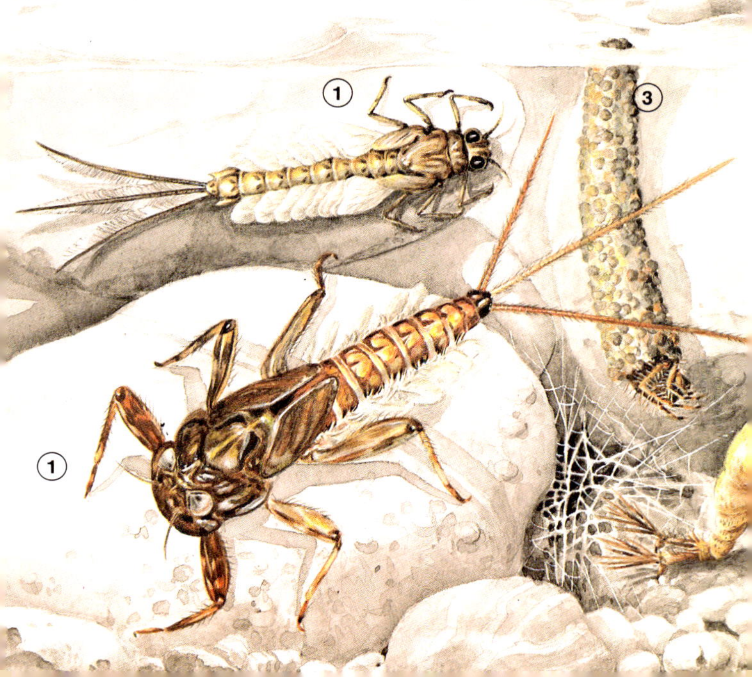

5
4
4
4
3

jours, et, dans des cas particuliers, quelques heures seulement ou bien deux semaines. Adultes et larves possèdent trois appendices abdominaux, sauf chez le genre *Epeorus*, qui en a deux seulement. Les éphémères peuvent être classés en trois groupes. D'abord ceux qui s'enfouissent et ne craignent donc pas le courant, comme ceux du genre *Ephemera*, dont les larves cylindriques se creusent des galeries, avec leurs puissantes pièces buccales et leurs pattes, dans le sable ou la vase. Si l'on désire les démasquer, il suffit de passer au tamis un échantillon tiré du fond d'un ruisseau.

Le deuxième groupe comprend les éphémères « ronds », qui parcourent sur leurs longues pattes la surface des plantes ou le fouillis des détritus, généralement à l'abri du courant derrière les pierres.

Le troisième groupe est parfaitement adapté aux parties de ruisseaux rapides. Leur corps déprimé à branchies transformées en lamelles d'adhésion leur permet de coller au fond, même dans les plus forts courants. Leur tête, en pelle inversée et large, empêche très efficacement qu'ils ne soient entraînés. Les espèces de ce groupe sont devenues rares à cause de la pollution croissante des eaux. C'est pourquoi on peut considérer qu'un cours d'eau est très pur quand ces insectes y sont encore nombreux.

Ci-contre
Les grosses larves de perles (genre Perla) préfèrent les ruisseaux limpides et frais.

Ci-dessous
Les larves aplaties d'éphémères sont parfaitement adaptées aux tronçons de ruisseaux à courant rapide.

Seules quelques espèces de libellules ont colonisé les ruisseaux rapides. La Caloptéryx vierge (*Caloptéryx virgo*), d'un vert métallique brillant, habite seulement les ruisseaux limpides et non bordés d'habitations. Elle se tient tout le jour parmi les racines dénudées des rives, où elle chasse à l'abri.
Les agrions marqués de jaune et de noir sont devenus très rares (genre *Agrion*). Leurs larves, dont certaines mesurent 40 mm, vivent enfoncées dans les fonds sableux des ruisseaux ; étant donné le peu de proies à leur disposition et la basse température de l'eau, il leur faut jusqu'à cinq ans pour devenir des adultes. Presque entièrement enfouies, seul leur masque (= l'ensemble de leurs pièces buccales ravisseuses) dépassant, elles attendent leurs proies, comme les larves de phryganes, passant à proximité ou poussées par le courant, leur fondent dessus et les emportent pour les manger dans le sable.

Ci-contre
Les larves d'éphémères se développent dans les fonds sableux des ruisseaux.

Ci-dessous
On trouve rarement des larves vivantes d'Agrion jouvencelle, très bien cachées dans le fond des ruisseaux.

Le pourquoi des longs becs

A partir du début de l'automne, on ne peut se lasser de voir passer les échassiers allant hiverner vers le sud, souvent en grandes bandes, sur nos côtes et sur les grands plans d'eau de l'intérieur.
On estime qu'il passe annuellement chez nous jusqu'à 10 millions d'échassiers, dont les caractères communs sont les longues échasses et les longs becs, et d'oiseaux aquatiques. Certains sont sédentaires ; d'autres partent de leurs lieux de nidification du nord, pour rejoindre leurs quartiers d'hiver en Europe méridionale et en Afrique du Nord, parfois après une migration de 15 000 km. Au milieu de leur fatigant voyage, s'ils n'hivernent pas sur nos côtes ou au marais, ils s'y posent souvent, ne serait-ce que quelques jours, afin de refaire leurs réserves de graisse.
On peut observer ces oiseaux, généralement timides, dans les grandes étendues d'eau peu profondes des lacs et étangs, ainsi que dans les prairies marécageuses inondées. Pour cela, les jumelles sont nécessaires. Les échassiers se nourrissent de myriades d'escargots, de vers et de larves d'insectes, qu'ils localisent grâce aux fines vibrisses qui garnissent la pointe de leur bec.
Ces eaux peu profondes sont des écosystèmes extrêmement riches

Page de gauche
La Barge à queue noire surveille de haut les alentours, perchée sur ses longues pattes.

Ci-dessus, à gauche
La Bécassine des marais trouve suffisamment de nourriture dans les eaux peu profondes.

Ci-dessus, à droite
Le Chevalier gambette est caractérisé par ses pattes toutes rouges, bien visibles ici.

en nourriture. En effet, la vase est un lieu idéal pour les petits animaux : dans un mètre carré, on compte environ 37 000 daphnies, quelque 40 000 larves de moustiques, 4 000 vers limicoles, 5 000 argyronètes, et environ 250 000 crustacés inférieurs. Ces lieux de repos qui offrent une alimentation si abondante, ont un intérêt qui dépasse le cadre national, puisque les oiseaux de passage ne connaissent pas de frontières. C'est pourquoi leur préservation est un objectif prioritaire de la protection de la nature.

Malheureusement, les eaux de l'intérieur, dans nos régions, sont très polluées, depuis les dernières décennies. Le nombre d'échassiers a bien sûr fortement régressé dans les peuplements nichant, comme la Barge à queue noire (*Limosa limosa*) et le Chevalier gambette (*Tringa totanus*). Les causes de cette régression sont l'assèchement des prairies marécageuses, ainsi que l'occupation croissante des rivages

Page de droite
On voit se rassembler en hiver, dans les eaux libres, de grandes troupes de différentes espèces de canards et de râles.

Page de gauche
Le Courlis cendré est l'un des plus gros oiseaux ; il niche aussi dans l'intérieur des terres.

des lacs et des cours d'eau par les lotissements immobiliers. Etant donné leur mode particulier d'alimentation, les échassiers ont des exigences spéciales pour leurs lieux de repos auxquels ils sont instinctivement habitués. Ils utilisent les lieux artificiels créés par la main de l'homme, comme certains champs d'épandage, où ils trouvent des quantités de nourriture équivalentes à celles de leurs niches écologiques naturelles. Des pays de la C.E.E. protègent même ces champs d'épandage, où des espèces d'oiseaux arrivent à nicher.
La Bécassine des marais (*Gallinago gallinago*) est un représentant typique - elle était plus fréquente il y a 50 ans - des échassiers, formant ce que les chasseurs nomment des « vols de bécasses ». Les couples reproducteurs actuels sont protégés par endroits, en Europe, notamment en ce qui concerne leur environnement, qui est perturbé.
Tandis que la bécassine se camoufle parfaitement, restant invisible, on peut voir s'enfuir très loin à tire d'aile le Courlis cendré (*Numenius arquata*). Ce très gros oiseau se reconnaît à son grand bec recourbé. On entend également à grande distance le trille sonore des mâles, surveillant leur territoire de 20 à 40 mètres de hauteur. Cette espèce souffre elle aussi de l'utilisation – naguère rare – des marais, transformés en prairies, comme dans l'ouest de la France ou dans les basses terres de l'Allemagne du Nord.
Le Chevalier gambette, juste gros comme une grive, et aux longues pattes rouge orangé, est l'un des plus fréquents échassiers de nos marais, salants ou non ; à la différence des autres échassiers, il ne se contente pas d'un simple trou comme nid : il se construit des abris dans les laiches denses. Comme il lui manque le long bec typique des échassiers, il chasse seulement en surface les petits animaux qu'il consomme, ou fouille la vase de son bec ouvert.
L'une des plus grosses espèces est la Barge à queue noire, d'une longueur atteignant 40 cm, qui crée le trouble, par ses cris de protestation quand elle est dérangée, parmi ses commensaux tranquilles.

Du fait que les conditions d'existence, et même de survie, des échassiers qui nous restent ne cessent de se détériorer, il est absolument indispensable de conserver en l'état les prairies marécageuses, les marais, les landes et les eaux de surface encore existants.
Certaines espèces de canards (famille des Anatidés) et de râles (famille des Rallidés) sont encore assez nombreuses. Il leur faut plus d'eau sous le ventre que n'en ont à leur disposition les échassiers dans les eaux plates, pour vaquer à leurs occupations. Si la nourriture est assez abondante, ces oiseaux se risquent même à fréquenter les étangs à proximité des villes. Les canards s'épargnent les longues migrations vers le sud, car ils sont bien trop lourds et trop pataudS pour voler longuement. Ils séjournent donc malgré la glace et la neige, formant souvent de grands peuplements d'hivernage.

La magie de la glace

A l'entrée de l'hiver, la vie dans les eaux se met en veilleuse. Nombre d'animaux, dès les premières glaces nocturnes, sont déjà cachés dans la vase, où ils dorment durant tout l'hiver à l'abri du gel. Les insectes qui n'ont pas de cachette ou qui ne peuvent s'abriter au fond de la vase meurent dès qu'il commence à geler.
Aux endroits où la glace peut se former sans perturbations, il se forme une couche translucide, presque transparente. Lorsque la neige est balayée par le vent, on aperçoit le fond des marais, où l'on découvre des plantes vertes malgré la glace et la neige. Pendant les jours d'hiver ensoleillés, la lumière est encore suffisante pour assurer leur photosynthèse. Un signe certain de processus vitaux sous la glace est le dégagement de petites bulles d'air des peuplements végétaux. Même en hiver, les plantes produisent l'oxygène vital pour les animaux. Il existe aussi parmi ceux-ci des espèces qui sont actives toute l'année, et qui ne sont aucunement perturbées par la glace et la neige. Comme tous les animaux à sang froid ou poikilothermes, les poissons de nos régions sont dépendants de la température de l'eau environnante, température qui, en hiver, est de 4° C dans les

profondeurs à l'abri du gel. Leurs réactions sont certes ralenties, mais ils arrivent quand même à chasser de petits êtres vivants.
Les eaux hivernales sont très appréciées des humains. On ne se lasse pas de contempler les curieuses figures sur les ruisseaux gelés ou sur les plantes enrobées de glace de la zone soumise aux éclaboussures. Sous d'épaisses couches de glace, les étangs et mares, maintenant calmés totalement, sont une autre source d'intérêt : qui n'a déjà fait des glissades sur la glace, pour tomber plus ou moins brutalement sur le postérieur? L'étang est bien souvent le rendez-vous des hardis patineurs quand il est pris.
Mais qui pense alors aux animaux, sur la tête desquels il marche presque ? Les ondes sonores et de pression retentissent jusqu'aux endroits les plus reculés, et les poissons n'ont aucune protection contre elles. Souvent, ils fuient dans la panique d'un trou d'eau au trou voisin, afin d'échapper à la perturbation. Or, à chaque fuite éperdue, ils perdent de l'énergie vitale qu'ils ont en réserve. Nos rapports avec la nature doivent être mûrement réfléchis, et les troubles dont ils sont victimes ont des conséquences bien plus graves que nous ne pensons.

Page de gauche
Les cascades des ruisseaux se parent souvent de curieuses formations de glace.

Ci-contre, en haut
On voit au bord de l'eau la fragile couche de glace marquant l'ancien niveau de l'eau.

Ci-contre, en bas
Les amusement hivernaux sur les lacs gelés peuvent être très dangereux pour les animaux sous la glace.

Les oiseaux en hiver

Tandis que la grande majorité des espèces d'oiseaux de nos régions préfèrent passer dans le sud la saison froide et défavorable, il en est quelques autres qui affrontent les intempéries sur place. Et certains oiseaux du grand Nord hivernent chez nous, en Europe occidentale.

Outre des échassiers, on rencontre quelques espèces qui se sont aussi parfaitement adaptées au biotope aquatique. Le Martin-pêcheur (*Alcedo atthis*), dont le plumage éclatant est quasiment exotique, est l'un des plus beaux oiseaux du bord des eaux. Il habite près des rivières et ruisseaux, pourvu que deux conditions soient remplies. D'abord, les cours d'eau doivent être dans leur état sinueux naturel avec des rives abruptes, rives où il creuse des galeries de couvaison jusqu'à 1 mètre de profondeur. Ensuite, il lui faut un approvisionnement suffisant en petits poissons, lesquels se trouvent essentiellement dans les eaux courantes limpides et pures. Perché au-dessus de l'eau sur une branche surplombante, il guette sa proie, plongeant en piqué pour l'attraper, puis il la frappe sur une branche pour l'attendrir, et il l'avale par la tête. Son activité devient fébrile quand il élève ses petits affamés insatiablement, qui peuvent être jusqu'à huit par couvée.

Page de gauche
Le Cincle plongeur s'apprête du haut d'une pierre à plonger.

Ci-dessus
Les populations de Martins-pêcheurs peuvent subir de fortes pertes durant les longues périodes de gel.

Tant que les ruisseaux lui offrent suffisamment de fretin, le Martin-pêcheur subsiste sans guère de difficultés. Mais les temps sont durs pour lui, durant les hivers rigoureux, lorsque les eaux courantes sont totalement prises. Alors, il en meurt beaucoup, rien que pour quelques jours de gelées. Les pertes peuvent atteindre 90 % en une saison hivernale, ses peuplements mettant alors plusieurs années pour se reconstituer. Certains martins émigrent vers d'autres eaux. Ils cherchent même fortune dans les viviers pour s'y nourrir, au grand dam de leurs propriétaires. Ces pièces d'eau sont souvent le dernier recours de l'oiseau pour s'alimenter ; on peut donc bien lui accorder la prise de quelques poissons.
Le Cincle plongeur ou Merle d'eau (*Cinclus cinclus*) met à profit ruisseaux sauvages et étangs aux eaux limpides d'une façon incroyable. Pour pêcher, il plonge et même marche sous l'eau, y compris dans les tronçons rapides des torrents de moyenne altitude. On peut admirer cet oiseau, à peu près gros comme un sansonnet, gris ardoise avec un plastron blanc et un moignon de

△

La Bergeronnette des ruisseaux passe la période froide, dangereuse pour elle, près des cours d'eau à l'abri.

◁ *Lors des fortes gelées, le Héron cendré, faute de poissons, se nourrit de souris.*

queue, plongeant d'une pierre dans les flots. Il balance alors quelques courts instants, puis se précipite la tête en avant dans le courant, et, après avoir parcouru quelques mètres en 15 secondes, il ressurgit. Ce n'est pas une fuite, c'est sa méthode de pêche. Il s'enfonce sous l'eau et « vole » à contre-courant, de sorte que la pression de l'eau sur ses ailes étendues le plaque au fond. De ses pattes armées de griffes aiguës, il s'accroche alors aux

Le Martin-pêcheur trouve encore assez de nourriture dans les tronçons libres de glace des ruisseaux.

pierres, tout en cherchant des larves de plécoptères et de phryganes (dont nous parlons aux pages 98 à 103).
Etant donné qu'il est en mesure de chasser aussi dans les eaux impétueuses, il est rare que ses derniers lieux de pêche soient pris par les glaces.
La Bergeronnette des ruisseaux (*Motacilla cinerea*), à tête et dos gris bleuté, est aussi un habitant des ruisseaux. Sa nourriture consiste principalement en insectes, qui peuplent justement les eaux en été. Elle chasse ses proies surtout dans la zone bordière, au long de la ligne d'eau. Elle met à profit la configuration du cours, car elle bâtit son nid dans des niches et des cavités des bâtiments, des ponts et des quais bordiers. Elle niche bien moins à couvert juste au-dessus du niveau de l'eau. Après la période de couvaison, elle se rend généralement près d'eaux plus importantes et mieux protégées, où elle est certaine de trouver sa nourriture même en hiver.
Lorsque de nombreuses eaux sont prises par la glace, le cours supérieur des ruisseaux rapides reste libre encore longtemps. C'est cette circonstance qui permet à cette bergeronnette de rester sur place parmi les petits oiseaux, même en hiver, selon les spécialistes des eaux courantes, et de commencer sa parade au début du printemps.

Çà et là, on voit aussi hiverner des Hérons cendrés (*Ardea cinerea*) dans le bas des vallées protégées et leur offrant de la nourriture. Il n'hésite pas à s'approvisionner alors dans les nombreux viviers de moyenne montagne. Bien sûr, les propriétaires de ces pièces d'eau tendent des fils au ras de l'eau et des filets pour essayer de l'en empêcher. Mais ce n'est pas le dévoreur de poissons d'élevage qu'on a prétendu, car une grande part de son alimentation est constituée aussi de grenouilles, de souris et d'insectes.

Les eaux en danger

Quoique les eaux de différentes sortes fassent partie de nos milieux ambiants les plus variés et les plus riches, c'est seulement depuis peu de temps que les autorités leur portent plus d'attention. Après avoir asséché ou comblé, réglementairement ou empiriquement, les prairies marécageuses et diverses eaux sauvages, pour favoriser l'agriculture, on commence maintenant à faire machine arrière, notamment grâce aux associations de protection de la nature.

La circulation, un danger

A peu près jusqu'à la fin des années 1970, il n'a pas été non plus fait attention à la protection des eaux lors de la constrution des routes. Tantôt c'était un marais détruit par la traversée d'une voie. Tantôt c'était quelques bras d'eaux mortes laissés par les crues et devenus marécageux qui étaient coupés par une grande chaussée. Parfois aussi une mosaïque étendue de prairies marécageuses, considérée comme inutile, était sacrifiée pour un nouvel aéroport. De la sorte, en certaines régions, une grande part des eaux existantes - et plus particulièrement les fondrières et les mares - se trouvaient supprimées en l'espace d'une dizaine d'années.
Par bonheur, les ruisseaux et rivières sont plus difficiles à sup-

Page de gauche
Des personnes irresponsables polluent par des décharges illégales les cuvettes des sources et les ruisseaux.

Ci-dessus
La bordure arborée des ruisseaux est souvent abattue prématurément, alors qu'elle les protège.

primer du paysage. Ils assurent le drainage, fonction importante, en amenant les eaux de ruissellement à la mer. Ces canaux naturels sont indispensable à l'environnement. Or, si l'on détourne un ruisseau d'un lieu, les précipitations arrivées au sol cherchent une autre échappée et il s'ensuit des inondations.

Une planification soigneuse

L'homme peut certes se désintéresser, sans plus, des eaux courantes. Mais les organismes économiques ont, encore aujourd'hui, leur propre conception des cours d'eau « fonctionnels »... Justement, ceux-ci doivent rencontrer peu de résistance à l'écoulement et doivent être faciles à épurer, selon la doctrine officielle. Les autorités considéraient comme idéal, dans les années 1970, ce grandes quantités d'eau. On ne voulait pas savoir si les animaux et les végétaux pouvaient vivre dans ces conditions. Et pourtant toutes les mesures de canalisation ne sont même pas parvenues au résultat escompté.
D'innombrables ruisselets de prairies, de fontaines et d'infiltrations profondes sont pour toujours

enfouis sous des mètres de déblais et de remblais. On ne voit plus aucune trace de ces anciennes eaux, et seule l'étude attentive d'anciennes cartes géographiques révèle leur existence passée. Et comme nombre de petits ruisseaux sont maintenant canalisés sous terre, il est difficile de les déceler.
Les conséquences de ces rectifications et canalisations des cours d'eau sont actuellement évidentes : des fleuves sont en crue pour d'assez faibles précipitations, car la capacité de rétention d'innombrables ruisselets, ruisseaux et rivières a été fortement diminuée. Lorsque la pente des fleuves n'est pas suffisante, il se produit de nombreuses inondations.

Des milliers de bombes à retardement dans le sol

Mais ce n'est pas toujours les destructions importantes et étendues qui menacent l'eau douce. Il suffit fréquemment d'interventions minimes pour nuire à un marais ou au périmètre d'une source. Nous pensons aux innombrables et illégales décharges de gravats, de déchets dangereux et d'ordures ménagères. Ce qui est alors en sommeil durant des décennies dans le sous-sol peut provoquer, subitement et inopinément, une catastrophe pour l'environnement et menacer les nappes phréatiques. On ne connaît souvent pas la composition de ces décharges, et il est impossible de chiffrer le nombre de millions qui sont dépensés, à la charge des contribuables, pour les supprimer, quand on le peut. Mais il est évident que l'absence de précautions et l'irresponsabilité en ce domaine coûtent cher.

La culture intensive menace la qualité de l'eau

L'agriculture est également responsable de nuisances pour les eaux. La concurrence due à la politique agricole de la CEE pousse les agriculteurs de certaines régions ou pays à accroître l'exploitation de surfaces qui étaient, il y a encore quinze ans, des enclaves naturelles. Même la zone bordière des ruisseaux et des rivières, pourtant menacée par les crues, arrive à être défrichée et mise en culture. Or, non seulement les rivages sont des espaces vitaux perdus, mais encore et bien plus l'utilisation d'engrais, de pesticides et autres produits phytosanitaires est une grave menace pour l'eau. Les engrais provoquent dans les eaux l'« eutrophisation », c'est-à-dire l'enrichissement en éléments nutritifs, et en fin de compte la surfertilisation.
Les conséquences en sont immenses. Les algues et autres végétaux prolifèrent, ce qui provoque une production excessive de substances végétales toxiques, l'assèchement des eaux, et pour finir le pourrissement des déchets de plantes mortes par manque d'oxygène. Ceci est une catastrophe pour l'eau : l'équilibre naturel est rompu, et tout le peuplement végétal est touché. Des eaux naguères riches en espèces deviennent un cloaque brunâtre et puant, dans lequel peu d'animaux arrivent à survivre, hormis les vers de vase.

L'eau, théâtre de catastrophes

Depuis que les catastrophes se multiplient dans le monde entier,

Ci-contre, en haut
La culture intensive met en danger les berges des ruisseaux et des rivières.

Ci-contre, en bas
La prolifération anormale d'algues est la conséquence d'apports accrus de substances nutritives (engrais).

on ne s'est guère préoccupé jusqu'à présent de l'importance de la protection et de la conservation des niches écologiques naturelles non encore détruites ou polluées. L'importance de la pollution de l'eau surpasse généralement ce qu'on peut imaginer.
La mort de milliers de phoques en 1988 dans la Mer du Nord a fait comprendre aux responsables leur impuissance ; c'est le hasard des circonstances qui a heureusement fait que tous les phoques ne sont pas morts. Au lieu de prendre des mesures radicales, on a encore accordé des délais de plusieurs années, en 1989, aux industries polluant la mer du Nord.
Juste quelques mois plus tard s'est produite une autre catastrophe pour l'environnement, un bon exemple de comparaison : on sait

Les vidanges d'eaux domestiques se traduisent souvent, à la surface des ruisseaux, par des paquets de mousse.

qu'il y a eu, devant les côtes de l'Alaska, une nappe mortelle de pétrole à peu près de la taille de la moitié de la Suisse. Si le supertanker responsable s'était échoué quelque part sur le littoral des Pays-Bas ou de l'Allemagne occidentale, la pollution aurait atteint le Parc national néerlandais du Waddenzee (entre les îles de la Frise et la côte). Quelle a été la réaction des responsables et des autorités en l'occurrence ? Ils sont restés désarmés, et personne ne s'est senti concerné. Seuls quelques écologistes, à la désespérée, ont épongé sur les rivages californiens la boue pétrolifère, à

Les cours d'eau rectifiés et surmontés de ponts sont souvent des eaux écologiquement mortes.

l'aide de papier absorbant ! Ces gens de bonne volonté comptent qu'il faudra plusieurs années pour dépolluer les littoraux des îles et de la côte.

Ce ne sont que deux exemples de l'incurie de l'homme qui devrait ménager les ressources et conserver l'intégrité de l'environnement. Mais les groupements d'intérêts s'imposent, et, bien qu'ils soient les principaux responsables, ils sont les bénéficiaires d'une étrange mansuétude. Le fond du problème est loin d'être résolu.

Que pouvons-nous faire ?

Il faut commencer par balayer devant sa porte, car il ne servirait à rien de s'occuper des grandes catastrophes environnementales dans le monde en négligeant les problèmes qui nous touchent immédiatement.
Il est possible, en s'engageant personnellement et avec l'aide de quelques bonnes volontés, de conserver ou d'aménager au cours des années tout un réseau d'îlots naturels dignes d'être préservés.

Mesures de protection des petites pièces d'eau

Le premier objectif doit être la conservation des écosystèmes et niches écologiques encore intacts. En effet, c'est là qu'une population bien installée d'espèces végétales et animales est déjà largement menacée. Par malheur, l'intensification de l'exploitation agricole de ces retraites, et surtout des marais et des étangs, les a beaucoup rognées. Les jonchaies et roselières qui offrent leur abri, ainsi que les haies bordières et les boqueteaux des champs, régressent de plus en plus. En fin de compte, il reste de petites pièces d'eau isolées, sans protection contre les nuisances de l'agriculture.
Là aussi il nous est possible de faire tous nos efforts et, en créant

Pour autant qu'un dévasage soit avantageux, il doit être effectué en accord avec les autorités compétentes.

et amplifiant des zones de protection, de bonifier les domaines aquatiques. Certes, les pourparlers avec les propriétaires locaux ne sont guère faciles, mais souvent on est étonné de voir ceux-ci prêts à collaborer lorsqu'un groupe de jeunes ou une classe avec son professeur leur parlent de ce problème. Il existe fréquemment de petites dépressions de terrain, perdues dans les champs et les prairies, qui se prêtent parfaitement à la création d'un petit plan d'eau. Après s'être expliqué avec le propriétaire des terres, il convient d'opérer avec précaution, et d'éviter toute difficulté en établissant un plan à l'échelle. L'insolation des eaux conviendra-t-elle, ou bien n'y aura-t-il pas sur elles une ombre trop épaisse portée par des arbres situés au sud-ouest de l'implantation prévue ? Peut-on réaliser une surface aquatique suffisamment grande, et y a-t-il même une nappe phréatique ? La mare sera-t-elle à l'abri du gel, et aura-t-elle une profondeur maximale de 80 cm ? Le sous-sol est-il suffisamment imperméable ? Y a-t-il danger que des engrais soient lessivés depuis des parcelles attenantes ? Est-il possible de prendre sur les bords d'autres mesures protectrices d'espèces, par exemple planter des haies, des arbres fruitiers, ou des saules têtards, monter un mur de

pierres sèches, ou empiler des tas de pierres ou de brindilles ? Ces mesures complémentaires offrent généralement des avantages très intéressants aux habitants d'une mare, car une grande part des êtres vivants recherchent l'eau temporairement seulement, se répandant le reste de l'année dans les environs.
Il convient d'examiner soigneusement la surface destinée à la création d'une mare, l'année précédente, lorsque la plupart des plantes sont observables. Les lieux à végétation très variée ou même à espèces rares doivent rester inchangés. En dernière analyse, l'installation nouvelle d'un écosystème aquatique doit enrichir l'environnement sans nuire à aucune espèce.
Le peuplement par des animaux et des végétaux doivent être entrepris après mûre réflexion et selon une

La création de petites mares enrichit le paysage et offre un nouvel espace vital à de nombreux végétaux et animaux.

planification précise. Les animaux, surtout les crapauds, grenouilles et tritons, ne doivent en aucun cas être introduits, car cela supposerait qu'on prélève des individus, sinon leur frai ou leurs larves, dans d'autres plans d'eau, donc qu'on lèse d'autres peuplements. Par ailleurs, il faut toujours vérifier que des amphibiens se touvent dans les nouvelles eaux, dès la première année et peu après la création de ces dernières. Même s'il n'y a pas de mare alentour. Il faut laisser à la nature la faculté de réaliser par elle-même et à sa façon le nouveau peuplement, même si ceci

Les activités de protection de la nature, comme la taille des arbres têtards, permettent de conserver de petites mais importantes niches écologiques.

est plus long que dans le cas des trop fréquentes créations réalisées à grands efforts. Il faut excepter l'entretien des petites pièces d'eau, lorsqu'elles s'assèchent ou s'agrandissent trop, et lorsqu'on est obligé de les désenvaser ou de les désherber. Dans le cas des eaux de plus petites surfaces, ceci est nécessaire tous les cinq à dix ans, quand il y a un avantage pour la faune ou la flore. Ces travaux d'entretien peuvent nécessiter l'accord des collectivités locales, surtout quand il y a des espèces rares. Les plantes extraites peuvent servir au peuplement de créations nouvelles sans avoir à se fournir dans l'environnement.

Il en va de même pour le peuplement animal. En ce cas, on a souvent aussi la possibilité d'introduire des espèces prises dans d'anciennes carrières ou gravières, menacées de servir de décharges. Mais il convient en tout cas d'aviser les autorités compétentes, si nécessaire, surtout quand une réglementation s'applique à la protection de la nature. Lorsqu'il existe des organismes compétents et habilités, il est possible de collaborer avec eux pour la sauvegarde des eaux. Autorités et propriétaires terriens ont avantage à être en rapport avec des partenaires permanents – vous, en l'occurrence – pour planifier et réaliser les mesures nécessaires. Celles-ci englobent également les travaux d'épuration et de déblaiement, la formation, ainsi que la pose de nichoirs et d'abris à chauves-souris. Cette forme d'activités constantes convient tout particulièrement aux groupements de jeunes s'intéressant à la protection de la nature.

Mesures de protection des eaux courantes

Alors que la création et l'entretien des petits plans d'eau sont relativement faciles, les activités de protection des ruisseaux et des rivières se réduisent à peu de chose. D'abord, il n'est guère possible d'évaluer les conséquences d'une modification arbitraire de la largeur et de la profondeur d'un cours d'eau, donc de la vitesse de son courant. Ensuite, le Code des Eaux et Forêts et le Code Rural en France (et les différentes législations des pays de la CEE) interdit les interventions, afin d'éviter les retenues, déplacements de cours et autres opérations que les dispositions légales prohibent. Il est également interdit de créer de petites pièces d'eau, en certaines circonstances, alimentées par un ruisseau ou une rivière : on se reportera toujours, à ce sujet, aux Codes cités ainsi qu'au Code Civil (et toujours aux lois nationales particulières). Un cours d'eau traversant une mare ou un étang (car il faut bien qu'il en ressorte) a son eau réchauffée au passage par les eaux stagnantes, ce qui fait réduire son oxygène dissous. Les travaux d'entretien et les créations de cours sont bien sûr réglementés et doivent recevoir l'accord des autorités compétentes. D'autres travaux n'ont pas besoin d'autorisation, comme le curage régulier des berges, notamment après le dépôt de masses de détritus par les crues. Il est possible, en collaboration avec les autorités – locales notamment – d'entretenir ou de planter des espèces ligneuses le long des eaux courantes. En particulier, on peut planter des scions de peupliers, qui seront taillés en têtards quelques années plus tard. Les anciens saules et peupliers, poussés en hauteur, donnent par des tailles régulières de très beaux et curieux têtards ; ceci évite en outre que les arbres ne se brisent mutuellement. Des bordures d'espèces ligneuses, sur les rives, offrent en quelques années un abri irremplaçable à nombre d'espèces animales. La création et l'entretien d'eaux stagnantes sont très bien complétés par la réalisation de bordures boisées proches de la nature, sur le cours des ruisseaux, ainsi que par la plantation et la taille des haies et boqueteaux. Et ceci représente un important apport pour les écosystèmes ou niches écologiques interdépendants. Lorsque ceux-ci ont acquis la dépendance mutuelle, les petits animaux retrouvent la possibilité de coloniser des niches écologiques ou de se mouvoir dans les alentours. Le rayon d'action d'un crapaud ne se limite pas à quelques mètres du bord de l'eau, car, en devenant adulte, il va jusqu'à 3 km de son lieu de naissance, à la recherche de lieux où trouver sa nourriture durant l'été. Les mesures de protection que nous prendrons donneront de meilleures possibilités de survie aux espèces, même devenues rares.

Glossaire

Biotope. Zone où sont groupés des êtres vivants dans des conditions analogues.

Cannaies = jonchaie = roselière. Lieu où croissent des roseaux (jonchaie = plus particulièrement des joncs).

Cernes annuels. Couches concentriques des arbres, en coupe transversale, formées annuellement.

Chaîne alimentaire. Chaîne des organismes (d'un biotope ou de l'environnement en général) qui se nourrissent les uns des autres, tels quels ou décomposés.

Cloaque. Chez des invertébrés (et certains vertébrés), orifice urinaire, intestinal et génital commun.

Ecosystème. Système écologique, ensemble de conditions interdépendantes dans un espace donné et caractéristique.

Fente anale, fente branchiale. Fentes de la coquille (chez les mulettes et anodontes, mollusques d'eau douce), l'une a fonction d'anus, l'autre a fonction de bouche et d'orifice pour l'eau de respiration par les branchies.

Frayère. Lieu où poissons ou batraciens fraient, c-à-d. se reproduisent.

Gamètes. Cellule reproductrice mâle ou femelle.

Imago. Adulte, état « parfait » de l'insecte.

Limicole. Qui vit dans la vase.

Microcavité. Cavité minuscule (mollusques d'eau douce).

Micropore. Pore minuscule (mollusques d'eau douce, insectes).

Nappe phréatique. Nappe d'eau dans le sous-sol, pouvant alimenter des sources.

Niche écologique. Espace limité, à conditions déterminées, convenant à une espèce animale ou végétale.

Photophobe. Qui craint la lumière.

Photosynthèse. Synthèse, par les végétaux à chlorophylle, de substances vitales, sous l'action du rayonnement solaire.

Pluriannuel. Se dit d'une espèce végétale vivant plusieurs années (on préférera « pérenne » ou « pérennant » pour un organisme vivant indéfiniment, c-à-d. au-delà de plusieurs années.

Poïkilotherme. Qualifie un animal (poisson, amphibien, reptile) à température variant largement en fonction de celle du milieu.

Quiescent. En état de vie ralentie.

Scion. Jeune arbre, haut de 50 cm à 2 m, pour la plantation.

Stolon. Tige aérienne (c-à-d. hors du sol) rampante, qui reproduit de loin en loin des racines avec un nouveau pied.

Terricole. Vivant sur ou dans la terre.

Têtard (arbre). Arbre (souvent un saule) taillé répétitivement, et arrivant à avoir une tête à frondaison en touffe.

Troubleau. Ou filet troubleau, ou trouble ; filet à entrée dont la base est plate si le haut est semi-circulaire ; sert à attraper des insectes en rasant la surface de l'eau.

Index des noms scientifiques

Index des noms français

s. = et page suivante ; ss. = et pages suivantes

Bibliographie

N. Boubée, *Petits Atlas des Insectes*, Paris 1944.
E. Chemin, Paul Lechevalier, *Les Mollusques d'eau douce*, Paris 1926.
E. Dottrens, *Batraciens et Reptiles d'Europe*, Delachaux et Niestlé, Neuchâtel-Paris 1963.
E. Dottrens, *Poissons d'eau douce*, Delachaux et Niestlé, Neuchâtel-Paris 1951.
L. Emberger, *Traité de Botanique*, Masson Paris 1960.
P. Géroudet, *Les Echassiers*, Delachaux et Niestlé, Neuchâtel-Paris 1967.
J.-D. Godet, *Fleurs et Plantes d'Europe*, adapt. française Delachaux et Niestlé, Neuchâtel-Paris 1991.
P.-P. Grassé, *Zoologie, Invertébrés et Vertébrés*, Masson, Paris 1970.
R. Hainard, *Mammifères sauvages d'Europe*, Delachaux et Niestlé, Neuchâtel-Paris 1989.
L.G. Higgins, N.D. Riley, *Guide des Papillons d'Europe*, Delachaux et Niestlé, Neuchâtel-Paris 1988.
D. McClintock, R.S.R. Fitter, *Guide des Plantes à Fleurs*, Delachaux et Niestlé, Neuchâtel-Paris 1986.
R. Peterson, G. Mountfort, P. A. D. Hollom, *Guide des Oiseaux d'Europe*, Delachaux et Niestlé, Neuchâtel-Paris 1989.
P.-A. Robert, *Les Insectes*, Delachaux et Niestlé, Neuchâtel-Paris 1960.
P.-A. Robert, *Les Libellules*, Delachaux et Niestlé, Neuchâtel-Paris 1958.
W. Schober, E. Grimmberger, *Guide des Chauves-souris d'Europe*, Delachaux et Niestlé, Neuchâtel-Paris, 1991.
E. Séguy, Paul Lechevalier, *Les Moustiques de France*, Paris 1923.
H. Vedel, J. Lange & G. Luzu, *Arbres et Arbustes*, Fernand Nathan, Paris sans date
J.R. Winkler, *Coléoptères*, Atlas illustré, Gründ, Paris 1969.

Adresses utiles

Belgique

WWF. 608, chaussée de Waterloo, 1060 Bruxelles.

IRSNB. Institut Royal des Sciences Naturelles de Belgique.
Section d'évolution biologique.
29, rue Vautier, 1040 Bruxelles.

Secrétariat d'État au Logement, à l'Environnement et à la Conservation de la Nature.
35, rue Capitaine Crespel, 1050 Bruxelles.

GIREA. Groupe Interuniversitaire de Recherches en Ecologie Appliquée.
Siège social : Institut de Botanique. Université de Liège.
Sart Tilman, 4000 Liège.
Secrétariat : U.L.B. 50, avenue Roosevelt, 1050 Bruxelles.

AVES. 21, rue du Vert-Bois, 4000 Liège.

RNOB. Réserves naturelles et ornithologique de Belgique.
105, rue Royale Sainte-Marie,
1030 Bruxelles.

France

WWF. 151, bd de la Reine, 78000 Versailles.

Museum National d'Histoire Naturelle. Service de Conservation de la Nature. 36, rue Geoffroy-Saint-Hilaire, 75005 Paris ;
et sa bibliothèque, ses laboratoires spécialisés, sa librairie, rues Buffon et Cuvier, 75005 Paris.

Ministère de l'Agriculture, Paris.

Ministère de l'Environnement, Paris.

Collectivités locales françaises : mairies, sous-préfectures et préfectures.

CNRA. Centre National de la Recherche Agronomique.
Rue de Lille, 75007 Paris.

Suisse

WWF. 14, chemin de Poussy, 1214 Vernier-Genève.

Office fédéral de l'environnement, des forêts et du paysage.
20, Laupenstrasse. Case postale 5662, 3001 Berne.

LSPN. Ligue Suisse pour la Protection de la Nature.
22, Wartenbergstrasse. Case postale 730, 4020 Bâle.
Pour les adresses des différentes sections cantonales romandes, s'adresser au Bureau romand d'information de la LSPN :
32, chemin de la Source, 1009 Pully.